MW01385099

LA REVELACION EN EL APOCALIPSIS CON ILUSTRACIONES

POR ESTHER GONZÁLEZ

EL APOCALIPSIS CON ILUSTRACIONES.

El libro de Apocalipsis significa, Revelación y fue escrito por el apóstol Juan alrededor del año 96 de nuestra era. Él estaba en el exilio en la isla de Patmos por ser un predicador del evangelio de Jesucristo. Patmos era una isla prisión del Mar Egeo, de las llamadas, Cíclades. Es seguro que el Señor le permitió esta circunstancia para que el apóstol se dedicara a escribir lo que el Espíritu le indicaba.

Él pudo haberle libertado milagrosamente, pero entonces tal vez se hubiera dedicado a visitar Iglesias en diferentes países y nosotros no tendríamos este maravilloso tesoro.

El libro es una profecía, lo mismo que los de Ezequiel y Daniel. Aunque algunas de las cosas que Juan vio eran terribles, como las bestias, los ayes y las plagas. El libro es para consolarnos cuando lo estudiamos con fe.

Él nos dice; *"Bienaventurado el que lee y los que oyen las palabras de esta profecía, y guardan las cosas en ella escritas, porque el tiempo está cerca."* El libro puede ser interpretado en tres tiempos; pasado, presente y futuro. Lo registrado en él se ha cumplido, se está cumpliendo y se cumplirá en el futuro.

Podemos señalar lo que se cumplió en el pasado y lo que se está cumpliendo en el presente y esto nos da una idea de lo que será en el futuro, pero del futuro sólo podemos teorizar y especular pues es una profecía que está escondida en los secretos de Dios. El propósito de esta interpretación es estudiar lo pasado y lo presente para que nos formemos una idea de lo que será en el futuro.

La Revelación no es una historia, un proverbio, una alegoría, un tipo, una parábola o un enigma, sino una profecía literal en parte y simbólica. Con excepción del capítulo uno y el veintidós, el libro es un mensaje profético.

El libro contiene cuatrocientos cuatro versos en veintidós capítulos. Cincuenta y cuatro versos son historia, y trescientos cincuenta son profecía. De los trescientos cincuenta, diez se han cumplido, pero el resto no se ha cumplido aún.

Verso 12: "La revelación de Jesucristo, que Dios le dio para manifestar a sus siervos las cosas que deben suceder pronto; y la declaró enviándola por medio de su ángel a su siervo Juan, que ha dado testimonio de la palabra de Dios, y del testimonio de Jesucristo, y de todas las cosas que ha visto."

Aquí tenemos la revelación de Jesucristo. Toda la Biblia lo es, pues toda revelación viene por medio de Jesucristo y se centraliza en él. Especialmente, en estos últimos días nos ha hablado por medio de Su Hijo y concerniente a Su Hijo. Cristo, como Rey de su Iglesia, se ha complacido en dar a conocer por qué métodos él gobierna y como regirá su gobierno; y como Profeta de su Iglesia, nos ha dejado saber las cosas que serán de aquí en adelante.

Los ángeles de Dios son sus mensajeros. Ellos son ministradores en favor de los herederos de salvación, y sirven a Cristo. Los principados y poderes del cielo le están sujetos y todos los ángeles le adoran. Así como los ángeles son los mensajeros de Cristo, los ministros son los mensajeros de las Iglesias. Lo que reciben del cielo deben comunicarlo a la Iglesia.

Juan era el apóstol escogido para este servicio. Algunos piensan que Juan era el único sobreviviente de los apóstoles de Cristo; los demás habían sellado su testimonio con sangre. Este debía ser el último Libro de la Revelación divina, y debía ser notificado a la Iglesia por medio por el último de los apóstoles. Juan era el discípulo amado. Él era en el Nuevo Testamento lo que era Daniel en el Antiguo; un hombre bien amado.

LA BIBLIA

Juan era apóstol, evangelista y profeta. Esta revelación no era para los siervos

Extra ordinarios de Cristo solamente, sino para todos sus siervos en general; todos tienen derecho a la revelación divina.

Verso 3: "Bienaventurado el que lee y los que

oyen las palabras de esta profecía y guardan las cosas en ella escritas, porque el tiempo está cerca."

No es suficiente que leamos la Palabra, ni que la oigamos leer. Es necesario que practiquemos lo que Dios nos ordena en ella. Sólo entonces será de bendición a nuestras vidas. Muchos creyentes viven vidas derrotadas porque aunque se saben la Biblia de memoria, no la viven, no hacen lo que ella dice. Ellos creen en Dios pero no le creen a lo que él dice.

Verso 4: "Juan, a las siete Iglesias que están en Asia: Gracia y paz a vosotros, del que es, y que era, y que ha de venir, y de los siete espíritus que están delante de su trono."

Aquí tenemos la bendición apostólica para todos los que pongan atención a la revelación divina. Esta bendición nos da inspiración, nos da valor para estudiar el libro y para que no nos sintamos tentados a dejar de leerlo por sus pasajes oscuros. Es privilegio bendito poder disfrutar de los misterios de Dios.

Esta era una de las ventajas principales que los judíos tenían sobre los gentiles. Es una gran bendición estudiar las Sagradas Escrituras, leerlas y oírlas leer y explicar a los que están calificados por el Señor para hacerlo.

Esta bendición es apostólica. Gracia y paz. Esto es todo lo que necesita el creyente en este mundo de tinieblas. La gracia y la paz de Dios le preparan para enfrentarse a cualquier problema y salir victorioso. El apóstol saluda a las Iglesias que están en Asia, y a las de todo el mundo y de todos los tiempos. La bendición nos viene del Dios trino; el Padre, el Hijo, y el Espíritu Santo.

El Padre es mencionado primero porque es el primero en la Santísima Trinidad, el que era en el Antiguo Testamento, el que es en el Nuevo y el que será en el triunfo de la Iglesia. El Espíritu Santo es séptuple en sus manifestaciones en la vida del creyente. Él es Espíritu de adopción, Espíritu de paz, Espíritu de gozo, Espíritu de amor, Espíritu de oración, Espíritu de santificación, Espíritu de poder.

Verso 5-6: "Y de Jesucristo, el testigo fiel, el primogénito de entre los muertos, y el soberano de los reyes de la tierra. Al que nos amó, y nos lavó de nuestros pecados con su sangre, y nos hizo reyes y sacerdotes para Dios su Padre, a él sea la gloria e imperio por los siglos de los siglos, Amen. "

El Señor Jesucristo es mencionado al final porque piensa hablar mucho de él, a quien vio vivir en la tierra, y ahora ve en forma gloriosa. Jesús es el primogénito de entre los muertos. Él fue el primero que pasó de muerte espiritual a vida eterna. Él había sido hecho pecado con nuestros pecados, (2 Corintios 5:21)

Antes de su Sacrificio en la cruz, Jesús era el Unigénito Hijo de Dios, pero después de la cruz y de su sufrimiento, fue engendrado nuevamente por el Padre, como dice Hebreos 1:5 y Hechos 13:33, y entonces fue el primogénito de entre los muertos, el primogénito entre muchos hermanos (Romanos 8:29), esas nuevas criaturas que el Padre está engendrando cada día cuando aceptan a Cristo como su Salvador.

Él fue el primero que resucitó de entre los muertos para no morir jamás. Él es quien nos resucitará de la tumba, y nos transformará con el mismo poder de resurrección que operó en él. Jesús es el Soberano de los reyes de la tierra. Ellos reciben su autoridad de él, y por él su poder es restringido. Él es quien quita reyes y pone reyes. Esta es una gran noticia para el cuerpo de Cristo, que ha sufrido tanta persecución de los reyes de la tierra.

El diablo que controla los perseguidores está encadenado y controlado por la mano de Cristo. El diablo solo puede llegar hasta donde Cristo le permite. Cristo nos lavó de los pecados con su sangre. ¡Maravillosa noticia! El Dios Creador del universo, el eterno Logos, se hizo hombre para ser nuestro Substituto en el Calvario y en el infierno. El derramó su sangre de Dios y con ella nos redimió. Entonces nos hizo reyes y sacerdotes. Reinamos como reyes en el reino de la vida, el reino de la luz, el reino del Amado.

Como reyes vencemos los razonamientos de los sentidos, sometemos nuestra alma, que es la capacidad de razonar y nuestra voluntad a la Palabra de Dios, y sometemos nuestro cuerpo físico como un sacrificio vivo a la obediencia del Señorío de Cristo, que es Su Palabra.

Como santos sacerdotes intercedemos en oración por las almas perdidas, y como sacerdotes regios predicamos, enseñamos, alabamos y adoramos a Dios vencemos al mundo, a Satanás y sus huestes, en el Nombre de Jesús, prevalecemos con Dios en oración y juzgaremos al mundo.

Segunda fase de la venida de Cristo: viene con la Iglesia

Verso 7: "He aquí que viene con las nubes, y todo ojo le verá, y los que le traspasaron y todos los linajes de la tierra harán lamentación por él. Si, Amen."

Este libro comienza y termina con la profecía de la segunda venida de Cristo. Debemos tener esto siempre en la mente, mirándolo con los ojos de la fe. La venida de Cristo constará de dos acontecimientos.

Primero vendrá a la estratósfera a buscar a la Iglesia en el Rapto. Después de cierto tiempo (siete años de acuerdo a la semana setenta de Daniel o la Gran Tribulación), vendrá con la

Iglesia en un despliegue de poder y gloria. **Entonces será que todo ojo le verá.**

Con él vendrán las nubes de santos que se fueron con él en el Rapto, montados en caballos blancos, los caballos de fuego, las cabalgaduras celestiales, mencionadas en el Salmo 18:10.

Entonces todo ojo le verá, tanto los que le traspasaron con su apostasía, como los que le rechazaron por incredulidad. Ellos se lamentarán por haberle rechazado. El martirio que atormentará a los perdidos en el lago de fuego, será el recordar que tuvieron la oportunidad de ir al cielo por la fe en el Sacrificio de Cristo, más se encerraron en su incredulidad voluntariamente.

Verso 8: "Yo soy el Alpha y la Omega, principio y fin, dice el Señor, el que es, y que era y que ha de venir, el Todopoderoso."

Jesús es el primero y el último. Él fue el primero en la Creación, como dice el Salmo 8 y Col.1:16. Y será el último, el Juez que se sienta en el Gran Trono Blanco a juzgar a los ángeles y los hombres.

Él le reveló a Juan que él es el Todopoderoso, el Shadday que hizo el Pacto con Abraham, el Yo Soy que abrió el Mar Rojo, el Príncipe de los ejércitos, que se apareció a Josué, El Admirable que apareció a Manoa, La Simiente de la mujer que derrotó la serpiente antigua, el Señor de la Iglesia, el Eterno Rey Soberano.

Verso 9: Yo, Juan, vuestro hermano en la tribulación, en el reino y l paciencia de Jesucristo, estaba en la isla llamada Patmos, por causa de la Palabra de Dios, y el testimonio de Jesucristo."

Ya hemos llegado a la gloriosa visión que tuvo al apóstol Juan cuando Jesús vino a darle esta revelación. En aquel tiempo Juan era un hombre proscrito. Aunque él era un gran apóstol, se consideraba hermano de los que estaban en tribulación y eran perseguidos por causa de la Palabra.

Verso 10: "Yo, Juan, estaba en el Espíritu en el día del Señor, y oí una gran voz como de trompeta."

El Espíritu Santo moraba en el apóstol, pero en este día su presencia era más real para Juan. El Señor prepara el alma de sus siervos antes de darle revelaciones de él.
Juan tuvo una visión. En la misma se oyó el sonido de una voz potente, la voz del Señor. Este era el primer día de la semana, el sábado cristiano, el día que el Señor separó para sí. Los Israelitas guardan el sábado día, los musulmanes, guardan el viernes, y los cristianos el domingo.

Verso 11: "Yo soy el Alfa y la Omega, el primero y el último. Escribe en un libro lo que ves y envíalo a las siete Iglesias que están en Asia; a Efeso, Esmirna, Pérgamo, Tiatira, Sardis, Filadelfia y Laodicea."

Las Siete Iglesias en Asia Menor, o Turquía

Cristo le dio instrucciones de escribir un libro para ser enviado a las siete Iglesias de Asia, que son las representantes de la Iglesia de todos los tiempos. Cristo es el primero en la creación y en la redención, el último en juicio de la humanidad.

Verso 12: "Y me volví para ver la voz que hablaba conmigo; y vuelto vi siete candeleros de oro."

La Iglesia es representada como un candelero de oro. Cristo es nuestra luz, el evangelio nuestra lámpara, y los creyentes son los portadores de luz al mundo perdido.

 En Juan 15:5 dice: "Yo soy la vid, vosotros los pámpanos." El creyente es una rama de la vid, una rama del candelero. En Éxodo 25:31 se nos relata la construcción del candelero. Debía ser labrado a martillo. Por medio de los golpes se sacaban las ramas y los adornos. Así también por medio de los golpes que Jesús recibió, nació la Iglesia con sus dones y gracias, como dice Isaías 53: 46.

Las ramas del candelero eran de oro puro. Los creyentes son de oro puro, precioso, son engendrados por el Padre. El creyente que se alimenta de la Palabra reconoce su posición, sus derechos y privilegios de hijo del Dios vivo. Entonces su luz debe brillar delante de los hombres para que ellos también glorifiquen a Dios.

Verso 13: "Y en medio de los siete candeleros, a uno semejante al Hijo del Hombre, vestido de una ropa que le llegaba hasta los pies, y ceñido por el pecho con un cinto de oro." Cristo le apareció a Juan en el esplendor de su gloria. Jesús es la fuerza activa de la Iglesia.

Los siete candeleros y las siete estrellas

Él está vestido con un vestido principesco y sacerdotal, denotando justicia y realeza. Él está vestido con el pectoral en el pecho. Él es el

Sumo Sacerdote de la Iglesia. En él están grabados los nombres de los creyentes que él representa. El anda entre su pueblo y los alimenta e intercede por ellos. Él dijo que estaría con ellos hasta el fin, llenándolos con su luz, con su vida y su amor.

Verso 14: "Su cabeza y sus cabellos eran blancos como blanca lana, como nieve; sus ojos como llama de fuego."

Él es el Anciano de días. Sus cabellos no denotan decadencia, sino una corona de gloria. Él es eternamente joven. La luz inmarcesible donde habita se refleja en sus cabellos y los hace aparecer blancos, pero sólo es el brillo de su gloria.

Sus ojos como llamas de fuego, penetran en los corazones y reinos de los hombres, sembrando el terror en sus enemigos. Esos ojos se pasean por la faz de la tierra y se posan especialmente en aquellos que él compró con su sangre. Él siempre está atento a las oraciones de sus hijos, como dice 1 Pedro 3:12.

Verso 15: "Y sus pies semejantes al bronce bruñido, refulgente como en un horno; y su voz como el estruendo de muchas aguas."

Los pies del Señor glorificado parecen bronce ardiente. Sus salidas son de eternidad a eternidad. Él se ha paseado por los siglos y ha dejado sus huellas en cada generación.

Su voz como estruendo de muchas aguas. Jesús se hará oír de los que están lejos y de los que están cerca. Su evangelio es como un poderoso río alimentado de las corrientes de arriba, de conocimiento y sabiduría absoluta.

Verso 16: "Tenía en su diestra siete estrellas: de su boca salía una espada aguda de dos filos y su rostro era como el sol cuando resplandece en su fuerza."

Los ministros de las Iglesias son estrellas que están en la mano de Cristo. El los desplaza donde quiere. Es un gran privilegio ser estrella en la mano de Cristo. Las estrellas que caen nunca fueron estrellas en la mano de Cristo. Tal vez entraron al ministerio sin que él los hubiese llamado.

JUAN EN LA ISLA DE PATMOS Y LAS PLÉYADES (Job 9:9- 38:31)

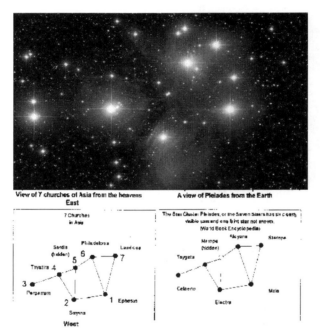

No es una coincidencia que en el mapa, la isla de Patmos y las siete iglesias de Turquía, sean una copia exacta de las Pléyades.

De su boca salía una espada aguda de doble filo. Esta es su Palabra. Ella golpea pecados a diestra y siniestra. Tiene el filo de la ley para los transgresores de aquella dispensación, y el filo de la gracia para los transgresores de esta dispensación. Corta tanto al oyente como al que la expone. Ella penetra hasta dividir al hombre trino, y discierne las intenciones y los pensamientos.

El rostro del Señor glorificado es como el sol del mediodía. Ningún ojo mortal puede verlo y vivir. Juan le pudo ver porque le vio en visión, en un éxtasis.

Verso 17: "Cuando le vi, caí como muerto a sus pies. Y él puso su diestra sobre mí, diciéndome: No temas, yo soy el primero y el último."

Cuando Juan vio la visión, cayó como muerto, vencido por el lustre del Señor glorificado. Es muy bueno que Dios nos hable a través de sus siervos los ministros, porque nadie puede ver a Dios y vivir.

El Señor levantó a su discípulo amado con ternura, y le dio fuerzas para que escuchara y recibiera las instrucciones que le había de dar. Además le reveló su naturaleza divina. Él es el Primero en la Creación y el Último en la

Redención.

Verso 18: "Y el que vivo y estuve muerto; más he aquí que vivo por los siglos de los siglos, Amen. Y tengo las llaves de la muerte y del Hades."

El Señor le mencionó sus sufrimientos para que se diera cuenta que era él mismo y no otro. Él dijo: *"Estuve muerto."* Él fue el mismo que Juan vio muriendo en la cruz por los pecados del mundo.

"He aquí que vivo." Él le dijo que había vencido la muerte y el infierno. Que le ha quitado las llaves al diablo. El "hombre fuerte." mencionado en Lucas 11:21, que ha sido despojado de las armas en que confiaba, ha sido derrotado y tanto él como sus demonios han sido exhibidos como trofeos por Cristo ante los tres mundos, como dice Col. 2:15. Es un gran consuelo saber que las llaves de la muerte y del infierno están en las manos de Cristo, nuestro Salvador y Señor. Esto significa que es Cristo quien determina nuestra muerte y nuestro estado futuro.

Antes del sacrificio Sustitucionario de Cristo, el diablo era el emperador de la muerte espiritual, como dice Hebreos 2:14. "Por cuanto los hijos participaron de carne y de sangre, él participó de lo mismo, para destruir por medio de la muerte al que tenía el imperio de la muerte, esto es, al diablo."

Uno de los propósitos del plan divino al prepararle cuerpo humano al Verbo, como dice Hebreos 10:5, fue para que Jesús pudiera morir espiritualmente y así poder morir físicamente, porque nadie podía quitarle la vida a Cristo como dice en Juan 10:18. El debió primero ser hecho pecado (2 Corintios 5:21) para poder morir y así penetrar legalmente al palacio del hombre fuerte y despojarlo de su autoridad sobre la raza humana.

La persona que parte de este mundo hoy, debe comparecer ante el trono de Cristo. Él es quien determina donde debe pasar la eternidad. Él dijo en Isaías 43:13 *"Antes que hubiera día, yo era: Y no hay quien de mi mano libre. Si yo lo hiciere ¿quién lo estorbará?"*

Así que el que rechaza el sacrificio de Cristo como Redentor, se encontrará con Cristo como Juez. Es Cristo quien tiene el dominio en el reino visible e invisible. El abre lo que ninguno puede cerrar y cierra lo que ninguno puede abrir. El abre las puertas de la muerte cuando lo desea, y abre las puertas del mundo eterno, ya sean de gozo o de miseria como el Juez de todo con quien no hay apelación.

Verso 19: "Escribe las cosas que has visto, y las que son, y las que serán después de estas."

El Señor le ordenó a Juan escribir las cosas que había visto y las que le revelaría en el futuro. Él le mostraría cosas que pasaron, que están pasando y que pasarán. De modo que este libro de Apocalipsis habla de tres tiempos.

Verso 20: "El misterio de las siete estrellas que has visto en mi diestra, y de los siete candeleros de oro; las siete estrellas son los ángeles de las siete Iglesias, y los siete candeleros son las siete Iglesias." Cristo le revela el misterio de las estrellas y los candeleros, y con esto nos enseña que muchas de las cosas que le mostrará serán símbolos de cosas reales.

A todo estudiante ansioso por conocer más de la Palabra de Dios, él le dice: *"Clama a mí y yo te responderé y te mostraré cosas grande y ocultas que tú no conoces."*

MENSAJE A ÉFESO
Capítulo 2

Esta Iglesia recibe una "B". Esta era una rica e importante ciudad y centro comercial de la costa occidental del Asia Menor. La ciudad había sido construida en las laderas y en la base del monte Pion y el monte Koressos.

Ella era accesible por los ríos Cayster, Hermus y Maender, lo cual daba acceso a rutas comerciales del Asia Menor. El edificio más importante de Éfeso era el templo de Artemisa, una de las siete maravillas del mundo. El templo era de 63 de ancho, por 343 pies de largo. Además del templo en Éfeso había un estadio en el cual el apóstol Pablo peleó con bestias salvajes, como dice 1 Cor. 15:32; una plaza de mercado y una biblioteca. Hoy la ciudad que yace en ruinas está siendo excavada por los arqueólogos.

Verso 1: "Escribe al ángel de la Iglesia en Éfeso: El que tiene las siete estrellas en su diestra, el cual anda en medio de los siete candeleros de oro, dice estas cosas."

EL TEMPLO DE DIANA, O ARTEMISA.
Una de las siete maravillas del mundo.

La carta es dirigida al ministro de la Iglesia de Éfeso como líder y cabeza de la congregación, pero le habla a toda la congregación.

Esta Iglesia fue plantada por el apóstol Pablo, y regada por el apóstol Juan. No creemos que el pastor en ese tiempo fuera Timoteo. No creemos que el que tenía espíritu excelente y quien naturalmente se ocupara por el estado espiritual de sus ovejas, se descuidará tanto como para recibir la reprensión que se le da al ministro de esta Iglesia.

La reprensión viene de quien la conoce muy bien. El Señor Jesús usó los títulos que usó para revelarse a Juan. *"El que tiene las siete estrellas en su diestra, el que camina en medio de los siete candeleros de oro."* Esto tiene un doble significado.

Los verdaderos ministros están bajo la protección divina. El honor de Dios conocer las estrellas del firmamento y llamarlas por nombre. El desata las ligaduras de Orión y ata las dulces influencias de las Pléyades, como dice Job 38:31.

Es el honor de Cristo que los ministros, que son de mayor bendición al mundo que las estrellas del firmamento, estén en su mano. El Señor dirige sus movimientos. El los desplaza a diferentes lugares, los llena de la luz de la Palabra que da vida; los sostiene, de lo contrario pronto serían estrellas errantes.

Los ministros son instrumentos que Dios usa y todo lo bueno que hacen es hecho por la mano que los sostiene. Jesús camina en medio de los candeleros de oro.

Esto muestra su relación con la congregación. Cristo apacienta sus rebaños. El conoce el estado de cada oveja de su redil. Se pasea en medio de la congregación con el hombre se pasea en medio de su jardín. Aunque Cristo está en el cielo, camina en su Iglesia observando lo que está mal en ella, y premiando lo que está bien. El vela por las necesidades de cada uno en particular. Es un gran consuelo para los ministros saber que Cristo los tiene en su mano.

Cristo elogia a los ministros y a la Iglesia. Él dice que él conoce sus trabajos. Tanto el elogio como la represión deben ser tenidas muy en cuenta, porque Cristo nunca habla a la ventura.

Verso 2-3: "Yo conozco tu obras, y tu arduo trabajo y paciencia; y que no puedes soportar a los malos, y has probado a los que se dicen ser apóstoles, uy no lo son, y los has hallado mentirosos: y has sufrido, y has tenido paciencia, y has trabajado arduamente por amor de mi nombre, y no has desmayado."

Los que son estrellas en la mano de Cristo siempre deben estar en movimiento regando la luz de la Palabra. El Señor mantiene un registro de cada día, cada hora que trabajamos para él. "No puedes soportar a los malos." El creyente no debe soportar el pecado en su vida. Aunque debe mostrase manso y humilde ante los hombres, debe mostrar celo por sus vidas espirituales, reconociendo que son seres eternos y que necesitan salvación.

El celo de la Iglesia era un celo discreto, un celo conforme a conocimiento. Ellos habían probado las pretensiones y las prácticas de los hombres malvados, que se llamaban a sí mismos, apóstoles o ministros, y los habían hallado mentirosos.

El celo verdadero es discreto: nadie debe ser echado fuera sin antes ser probado. El Señor dijo que por su fruto se conocerían. Siguiendo esta regla, la Iglesia prueba los ministros.

Hay una gran cantidad de "ministros y apóstoles" que se han llamado ellos mismos al ministerio porque no han querido someterse a la disciplina de un pastor. En vez de esperar con paciencia la madurez que el evangelio demanda, deciden por sí mismos hacerse ministros. Naturalmente van al fracaso, porque si Cristo no los ha llamado, ni les sostiene, ni los respalda.

No es suficiente que seamos diligentes, también debemos ser pacientes y soportar como buenos soldados de Jesucristo. Ningún creyente debe estar falto de paciencia. Debe haber paciencia para soportar las injurias de los hombres y las reprensiones del Señor, y debe haber en nosotros la espera paciente de que cuando hayamos cumplido la voluntad del Señor, recibiremos la recompensa.

Verso 4: "Pero tengo contra ti que has dejado tu primer amor."

Los que tienen muchas cosas buenas pueden tener cosas malas. Nuestro Señor, como Amo y Juez imparcial, se da cuenta de ambas. Aunque primero observa las buenas y las elogia, también observa las malas y las reprueba.

El pecado del cual Cristo los acusa es el de la decadencia del amor santo. Él dice; "Has dejado tu primer amor." No era que los Efesios hubieran dejado de amar al Señor, sino que habían perdido el grado de efervescencia que había aparecido al principio. Los primeros afectos del hombre hacia Cristo son muy vivos.

Dios recuerda el amor de Israel cuando le seguía sin problemas. Los vivos afectos del principio tienden a enfriarse si no se cuidan debidamente. El amor hacia el Señor debe ser ejercitado continuamente. Es por eso que no debemos descuidarnos en la oración, ni en ser miembros activos de una congregación.

La persona que se descuida en estas cosas pronto notará que no le interesan las cosas del Señor. Entonces, el Señor, de alguna manera le hará sentir su enojo.

Verso 5: "Recuerda, por tanto de dónde has caído, y arrepiéntete, y haz las primeras obras; pues si no, vendré pronto a ti, y quitaré tu candelero de su lugar, si no te hubieres arrepentido."

Los que han perdido el primer amor, deben recordar de donde han caído. El dejar el primer amor significa caer, descender. Cada creyente debe detenerse un momento y hacerse un auto examen. La indiferencia es principio de apostasía.

El Señor los aconseja regresar a su primer estado, y arrepentirse, no continuar en el camino de la indiferencia. Entonces los amenaza de algo terrible. *"Quitaré tu candelero de su lugar."* Los echará de la Iglesia, los cortará de la vid.

Le quitará la Palabra y la poca luz que tenían del evangelio se extinguirá, porque *"al que tiene se le dará más, pero al que no tiene, aun lo que tiene le será quitado."* Si ignoramos la presencia del Señor y la gracia del Espíritu Santo, podemos esperar la presencia de su enojo. El vendrá entonces con juicio, y será para sorpresa de los creyentes indiferentes.

Verso 6: "Pero tienes esto; que aborreces las obras de los Nicolaítas, las cuales yo también aborrezco."

Jesús le dice: "Aunque tu amor a lo que es bueno ha declinado, aun odias lo que es malo." Se cree que los Nicolaítas era una secta presidida por Nicolás el diácono. Ellos practicaban el amor en tal forma que aún se intercambiaban sus esposas. Todos estaban obligados a practicar el amor aunque esto envolviera fornicación y adulterio.

El Señor alaba la Iglesia de Éfeso porque no estaba de acuerdo con aquellas falsas doctrinas. Un espíritu de indiferencia ante lo malo y lo bueno puede llamarse caridad y mansedumbre, pero no agrada a Dios.

Verso 7: "El que tiene oídos para oír oiga lo que el Espíritu dice a las iglesias. Al que venciere le daré a comer del árbol de la vida, el cual está en medio del paraíso de Dios."

El árbol de la vida es la Palabra de Dios. Lo que

está escrito en la Biblia es hablado por el
Espíritu. Lo que se le dice a una Iglesia,
concierne a todas las Iglesias de todo lugar y de
todo tiempo.

Todo el mundo tiene oídos y casi todos podemos
oír, pero hay cosas que deben ser oídas con el
oído del espíritu. Hay diferencia grande entre oír
y escuchar. Es conveniente poner suma atención
a lo que el Señor nos dice en la Palabra.

¡Cuántos que están en el infierno hoy desearían
poder tener la oportunidad de volver a oír el
evangelio que despreciaron!   Es necesario
educar nuestro sentido de la audición para
escuchar lo que el Espíritu le dice a las Iglesias.
Los que no desean escuchar el llamado de Dios
ahora, al fin van a desear nunca haber tenido la
capacidad de oír.

Hay una gran promesa para los que venzan. La
vida cristiana es una guerra constante contra los
sentidos que no desean someterse a la Palabra y
nos quieren arrastrar a hacer lo que no debemos.
Hay guerra contra las huestes de tinieblas que
tratan de hacernos caer. No es suficiente que
estemos envueltos en la lucha, sino que tenemos
que continuar hasta el fin.

No debemos ceder ante nuestros enemigos espirituales, sino pelear la buena batalla de la fe en lo que dice Dios. Los creyentes ya han sido declarados vencedores en el Nombre de Jesús. Si no se mueven de su fe en la Palabra, caminarán durante su peregrinaje en la carroza del triunfo, y luego recibirán la recompensa.

A los vencedores se les promete que comerán del árbol de la vida. Ellos tendrán protección de santidad como la hubiera tenido Adán si no hubiera cometido el delito de Alta Traición. Él hubiera comido del árbol de la vida y éste hubiera sido el sacramento de consagración en su gozoso estado.

Así también todos los que perseveren en la Palabra, en medio de sus pruebas y conflictos, derivarán de Cristo protección y santidad en el paraíso de Dios, vivirán por encima de las circunstancias, y aunque caminen en este valle de sombras de muerte, viven en el cielo.

MENSAJE A ESMIRNA

Esta Iglesia recibe una "A"

Esta era una ciudad antigua del oeste del Asia

menor, en Turquía que hoy lleva el nombre Izmir. Se cree que ésta es la única que queda en pie de las siete Iglesias, aunque hoy día la mayoría de sus habitantes son musulmanes.

Verso 8: "Escribe a la Iglesia en Esmirna; el primero y el postrero, el que estuvo muerto y vivió, dice esto; "Yo conozco tus obras, y tu tribulación, y tu pobreza, (pero tú eres rico), y la blasfemia de los que se dicen ser judíos y no los son, sino sinagoga de Satanás."

Después de una declaración sencilla de su Omnisciencia, de su perfecto conocimiento de las cosas de los hombres, especialmente de las Iglesias, Jesús reconoce el progreso espiritual que ha hecho la Iglesia de Esmirna.

"Pero tú eres rico." Pobre en cosas temporales, pero rico en las espirituales. Pobre en espíritu, pero rico en gracia. Su riqueza espiritual se basa en el reconocimiento de su necesidad de la gracia de Dios. Muchos que son ricos materialmente pueden ser muy pobres espiritualmente, como en el caso de la Iglesia de Laodicea.

Algunos que son pobres financieramente son

ricos espiritualmente. Ellos son ricos en fe, en dones y en esperanza. Las riquezas espirituales son el fruto de gran diligencia. *"La mano diligente enriquece", dice Prov. 10:14.*

Donde hay riqueza espiritual se soporta mejor la pobreza temporal, y aunque el pueblo de Dios, en su mayoría son pobres por la causa de Cristo y la buena consciencia, él los enriquece espiritualmente, lo cual es más satisfactorio y duradero.

"Yo conozco tu tribulación y tu pobreza." Esto se refiere a la persecución que sufrieron, y la pérdida de sus bienes. Los que han de ser fieles a Cristo deben esperar sufrir mucha tribulación, pero Jesucristo toma nota particular de todos sus problemas. En todas las aflicciones de ellos él es afligido, y él dará recompensa a los que atribulan a sus hijos, y a ellos les dará descanso en él.

El conoce la maldad y la falsedad de los enemigos, de aquellos que se jactan de ser los únicos escogidos de Dios, como se jactaban los judíos, aunque eran violadores de pacto y Dios los había rechazado o aquellos que querían imponer sus ideas, sus ritos y ceremonias que no sólo eran anticuadas sino que ya habían sido abrogadas. Estos pueden reclamar que son la verdadera Iglesia de Cristo en el mundo, cuando en realidad son sinagoga de Satanás. Así como Cristo tiene una Iglesia en el mundo, el diablo tiene una sinagoga.

Las Iglesias que se oponen a la verdad del evangelio y propagan la idolatría y los errores dañinos, los que no tienen a Cristo como su centro, sino que tienen inventos y ceremonias que nunca entraron en los pensamientos de Dios, son sinagogas de Satanás. El preside sobre ellos, trabaja por medio de ellos, sirven a sus intereses, y el diablo recibe su horrible homenaje y honra de parte de ellos.

1 Corintios 10:20 dice: "Antes digo que lo que los gentiles sacrifican a los demonios lo sacrifican y no a Dios." El verso 32 dice: "No seáis tropiezo ni a judíos, ni a gentiles, ni a la Iglesia de Dios."

 Esto significa que en el mundo hay tres pueblos; el judío, la Iglesia de Dios y el gentil. Todo el que no es judío, ni le sirve a Cristo, es gentil. Sus rezos, ritos y sacrificios son hechos a los demonios y no a Dios.

El que la sinagoga de Satanás se jacte de ser el Israel de Dios es blasfemia. Es una deshonra a Dios, el que se use el Nombre para patrocinar y promover los intereses de Satanás, y Dios tiene justo resentimiento por esa blasfemia y tomará justa venganza contra los que persistan en ello.

Verso 10: "No temas en nada lo que vas a padecer. He aquí, el diablo echará a algunos de vosotros en la cárcel, para que seáis probados, y tendréis tribulación por diez días. Se fiel hasta la muerte y yo te daré la corona de la vida."

El Señor conoce de antemano las pruebas futuras de su pueblo y lo prepara. El pueblo de Dios debe esperar una serie de problemas en el mundo. Esta Iglesia había sido atribulada antes, pero ahora debían esperar ser encarcelados. El diablo usa como instrumentos a hombres malvados y perseguidores. Ellos son las herramientas que el diablo usa. Aunque ellos gratifican su pecadora malignidad, no saben que el diablo está actuando a través de ellos.

Cristo arma a su pueblo en contra de la prueba que se avecina. "No temas en nada lo que has de padecer." Esto no es sólo una orden, sino una seguridad. El no sólo prohíbe el miedo que esclaviza, sino que lo subyuga y llena al creyente de valor y de fortaleza. Él le muestra que no todos serán prisioneros, sino solo los que puedan soportar. Los hermanos le visitarán y sólo será por diez días. Esto sólo es para ser probados, no para ser destruidos, para que su fe, paciencia y valor sean probados y hallados para honra y gloria del Señor.

"Se fiel hasta la muerte, y yo te daré la corona de la vida." Observe la seguridad de la recompensa. *"Te daré."* Él puede hacerlo. El que recibe la recompensa está en sus manos y nadie puede arrebatarle de ella, ni quitarle su corona.

El Señor ha prometido cinco coronas a los diversos miembros de su cuerpo. Él tiene la corona de la vida para los que han gastado su vida en su servicio, y para los mártires. En 1 Corintios 9:25 nos habla de la corona incorruptible que les dará a los vencedores.

En Santiago 1:12 promete la corona de vida a los que le aman. En 2 Timoteo 4:8 tenemos la corona de justicia a los que aman su venida. En 1 Pedro 5:4 promete la corona de gloria a los pastores. Una corona es símbolo de un reino.

Verso 11: "El que tiene oído, oiga lo que el

Espíritu dice a las Iglesias. El que venciere no sufrirá el daño de la muerte segunda. "

Esmirna es la única de las iglesias que quedó en pie, pero sus residentes son musulmanes

La conclusión de esta carta es un llamado a la atención de todo hombre, de todo el mundo, a oír los tratos de Cristo con su Iglesia. Ellos deben poner atención a la forma en que Cristo los consuela, los exhorta y les reprocha sus fracasos, y cómo la recompensa por su fidelidad. A todos los habitantes de la tierra les concierne observar los tratos de Dios con su pueblo para que reciban instrucción y sabiduría. Todo hombre debe tener en cuenta que un día comparecerá ante el Trono del Eterno.

"El que venciere no sufrirá el daño de la segunda muerte." "Cristo dijo: *El reino de los cielos sufre violencia y los violentos lo arrebatan.*" Sólo los valientes, los que se han enfrentado a sus viejas creencias, a sus temores y a su incredulidad; los que se han jugado el todo por el todo aceptando a Cristo y el evangelio, han obtenido la corona de la vida y han escapado del daño de la muerte segunda.

No sólo hay una primera muerte, sino, una muerte después de que el cuerpo está muerto. Esta es inexplicablemente peor que la primera. Ambas con dolores intensos, desesperación y agonías mortales. Su duración es muerte eterna, es morir y estar siempre muriendo. Es eterna separación de Dios.

De esta terrible y destructiva muerte, Cristo salvará a sus siervos fieles. La segunda muerte no tendrá poder sobre los que participan de la primera resurrección. La primera muerte no les hará daño, ella sólo es el mensajero que los lleva al hogar del Padre, y la segunda no tiene poder sobre ellos.

Como el creyente ya ha muerto con Cristo

legalmente, cuando le llega la hora de la muerte, antes de la agonía, su espíritu y su alma serán arrebatados y entrarán a la presencia del Señor. Los que han tenido experiencia de muerte y han regresado, aseguran que pasaron por un precioso túnel. Al final los esperaba Jesús, quien les ha ordenado regresar porque aún no es su tiempo. Ellos aseguran que el infierno no existe porque han disfrutado de una paz tan gloriosa que no quieren regresar.

Lo que sucede es que Jesús derrotó al diablo y le despojó de las llaves del infierno y de la muerte. Toda persona que parte de este mundo debe comparecer ante el trono de Jesús y él determina su final estado. A los santos le dirá; *"Venid, benditos de mi Padre, entrad en el gozo del Señor"*. Pero a los que rechazaron el evangelio, les dirá: *"Apartaos de mí, malditos, al fuego eterno preparado para el diablo y sus ángeles."* Dios nos libre de la ira del Cordero.

MENSAJE A PERGAMO

Esta Iglesia recibe una "C"

Pérgamo era una ciudad del Asia Menor de la moderna Turquía, situada al nor- oeste. Magos Caldeos y astrólogos logos que salieron de

Babilonia se establecieron en Pérgamo, que había sido habitada por griegos. Eumenes II construyó allí un gran altar de mármol en honor a Zeus.

Verso 12: "Y escribe al ángel de la Iglesia de Pérgamo: El que tiene la espada aguda de dos filos dice esto."

Que la ciudad de Pérgamo hubiera sido construida sobre las ruinas de la antigua Troya, no es acertado ni importante. Pérgamo era un lugar donde Cristo estableció una Iglesia por la predicación del evangelio.

Jesús se describe a sí mismo como el que tiene la espada aguda de dos filos. En los diferentes títulos que Jesús usa en las cartas a las Iglesias, hay algo que se acomoda a la condición espiritual de cada una en particular. ¿Qué podrá ser más efectivo para despertar esta Iglesia que oír que Cristo tiene la espada aguda de dos filos?

La Iglesia de Pérgamo estaba infestada de hombres corruptos que hacían todo lo posible por corromper tanto la fe, como las costumbres de la Iglesia, y Cristo estaba dispuesto a pelear contra ellos con su Palabra. La Palabra de Dios es un arma de ofensa en la mano de Dios. Ella corta pecado y pecadores. Es aguda, no hay corazón tan endurecido, ni nudo tan apretado que ella no pueda partir y dividir.

Ella separa el alma de los hábitos pecaminosos que se han vuelto una fortaleza en la vida del hombre. No hay quien escape del filo de esta espada. Hay filo para herir y filo para abrir viejas heridas para procurar la sanidad. Esta, o nos sana o nos mata.

Verso 13: "Yo conozco tus obras, y donde está el trono de Satanás; pero retienes mi nombre, y no has negado mi fe, ni en los días de Antipas, mi testigo fiel fue muerto entre vosotros, donde mora Satanás."

ESCULAPÍO O ASCLEPIO, EL DIOS DE LA MEDICINA

El Señor Jesús conoce las obras de sus siervos. Cuando estas obras son hechas en medio de circunstancias adversas son mejor apreciadas.

Lo que añadía mucho lustre a esta Iglesia era el lugar donde estaba. El Señor dijo que allí estaba el trono de Satanás.

El circuito de Satanás es toda la tierra, pero su asiento está donde reina la infamia, el terror, la crueldad, el error y la maldad. Se cree que el gobernador romano de aquella ciudad, era un sacerdote de etruscos de los de Balaán, por lo cual era el enemigo más violento que tenían los cristianos. El asiento de la persecución es el asiento de Satanás.

En Pérgamo estaba también el hermoso templo de Asclepio, o Esculapio, el dios de la medicina de la mitología. Este dios se distingue por el asta que tiene en la mano, en la cual está una serpiente enroscada. Esto es símbolo de la medicina de todos los tiempos. Los enfermos eran traídos a este templo y puestos sobre un altar de piedra. El sacerdote dejaba una serpiente encima del enfermo hasta el día siguiente. A Pérgamo se le puede llamar el trono de Satanás porque en él se adoraba a la serpiente.

"Pero retienes mi nombre, y no has negado mi fe."

Esto es, aun en medio de la persecución, no te has avergonzado de tu relación conmigo, sino que consideras que es un honor que mi nombre está en ti. No has negado las grandes doctrinas del evangelio, sino que te has mantenido fiel.

No sabemos quién era este fiel discípulo del
Señor, pero él sufrió el martirio y selló con
sangre su fe en este lugar donde moraba Satanás,
y aunque los demás se exponían al mismo
peligro, no negaron su fe.

LA DOCTRINA DE BALAAM, LOS MINISTROS QUE PREDICAN POR DINERO

Verso 14: "Pero tengo unas pocas cosas contra ti; que tienes ahí los que retienen la doctrina de Balaán, que enseñaba a Balac a poner tropiezo a los hijos de Israel, a comer las cosas sacrificadas a los ídolos, y a cometer fornicación. Y también tienes ahí a los que retienen la doctrina de los Nicolaítas, la cual yo aborrezco."

Cristo le reprocha sus fracasos. Entre ellos había algunos que enseñaban el culto de los Nicolaítas. La doctrina de Balaam puede referirse al amor al dinero, como dice en Judas 11 y 2 Ped. 2:15. (Números 23)

El brujo Balaán se alquiló por dinero para maldecir al pueblo de Israel el cual era bendito, y no pudo. Entonces le dio la fórmula al rey Balac de proveer mujeres para que los Israelitas cometieran fornicación y participaran de los cultos idólatras a la diosa Diana, la Astarté de los Cananeos.

La suciedad de espíritu está unida a la suciedad de los sentidos. Los cultos y las doctrinas corruptas conducen a la conversación corrompida. Es fácil adivinar el nombre del líder de una herejía por la conversación de sus seguidores. Continuar en comunión con personas de prácticas y principios corruptos, es desagradable a Dios y trae culpa y mancha sobre toda la congregación.

Aunque la Iglesia no tiene poder civil para castigar a los hombres por su herejía y su inmoralidad, tiene el poder de excluirlos de su comunión, y si no lo hacen, Cristo, la Cabeza de la Iglesia, y el dador de la ley de la Iglesia, no se agradará.

Verso 16: "Por tanto, arrepiéntete; pues si no, vendré a ti pronto, y pelearé contra ellos con la espada de mi boca."

El arrepentirse, es tanto el deber de los santos como de los pecadores. Arrepentirse es dejar de hacer lo malo y proceder a hacer lo bueno. Es cambiar de propósito y de camino.

Los que pecan juntos, deben arrepentirse juntos. Cuando Dios viene a reprender los miembros corruptos de una Iglesia, él reprende a toda la Iglesia en general por permitir esas personas en sus medios; y algunas gotas de la tormenta caen en todos los miembros.

Ninguna espada corta tan profundo, ni inflige

herida tan mortal como la Palabra de Dios. Dejemos que las amenazas de la Palabra se establezcan en la mente del pecador y será terror para sí mismo. Dejemos que esas amenazas sean ejecutadas y el pecador será plenamente destruido. La Palabra de Dios agarra al pecador tarde o temprano, sea para que su convicción o para su confusión.

Verso 17: "El que tiene oídos, oiga lo que el Espíritu dice a las Iglesias". Al que venciere, daré a comer del maná escondido, y le daré una piedrecita blanca, y en la piedrecita escrito un nombre nuevo, el cual ninguno conoce, sino aquel que lo recibe."

URIM Y TUMIM

La piedrecita blanca con el nuevo nombre, es la absolución de la culpa del pecado, aludiendo a una antigua costumbre de dar una piedrecita blanca al acusado que se encontraba inocente, y una piedrecita negra al que se encontraba culpable.

Jeremías 33:3 dice: "Clama a mí y yo te responderé y te mostraré cosas grandes y ocultas que tú no conoces."

El nuevo nombre es el de la adopción. Las personas adoptadas toman el nombre de su nueva familia. El creyente ha sido adoptado y ha nacido en la Familia de Dios, y toma el nombre de cristiano, o pequeño Cristo. Nadie puede comprender el significado espiritual de este nombre, sino sólo la persona que lo recibe.

Esto se refiere al maná escondido. La persona que camina con Dios, en meditación y oración; el que anhela conocer más de cerca al Señor y se dedica a escudriñar las Escrituras, Dios le revela los misterios escondidos en ellas. El recibe espíritu de sabiduría y de revelación, y se alimenta del maná escondido en el campo de las Sagradas Escrituras.

La piedrecita blanca con el nuevo nombre, es la absolución de la culpa del pecado, aludiendo a una antigua costumbre de dar una piedrecita blanca al acusado que encontraban inocente, y una piedrecita negra al que encontraban culpable.

El nuevo nombre es el de la adopción. Las personas adoptadas toman el nombre de su nueva familia. El creyente ha sido adoptado y ha nacido en la Familia de Dios, y toma el nombre de cristiano, o pequeño Cristo. Nadie puede comprender el significado espiritual de este nombre, sino sólo la persona que lo recibe. Esta iglesia dejó de existir.

MENSAJE A TIATIRA

Esta Iglesia recibe una "C"

Tiatira era una ciudad situada a 64 Kilómetros del Mar Egeo. Hoy se conoce como Akhisar. En los días del Imperio Romano era una ciudad importante que estaba entre Pérgamo y Sardis en la región de Lidia en la provincia romana en Asia. La religión politeísta de Tiatira era una variedad del culto Babilónico.

Como estaba situada tan cerca de Pérgamo, a la que habían emigrado los sacerdotes caldeos, éstos controlaban el sistema religioso. Su dios principal era Tyrimnos, que en realidad era el dios sol, Apolos, el hermano de Artemisa, o Diana, de la mitología Griega.

Verso 18: "Y escribe a la Iglesia en Tiatira: El

Hijo de Dios, el que tiene los ojos como llama de fuego, y pies semejantes al bronce bruñido, dice esto."

Tiatira era una ciudad del Asia proconsular, frontera con Misia por el Norte, y Lidia por el sur. Lidia, la vendedora de púrpura, en cuyo hogar en Filipos se inició una Iglesia, era de esta ciudad. Ya no existe en Turquía.

APOLOS, conocido como Tyrinus

Esta carta la envía el Hijo de Dios, el que tiene los ojos como llama de fuego, denotando conocimiento exacto, penetrante y perfecto. Él es quien escudriña la mente y el corazón de los hombres. Sus pies como bronce bruñido nos hablan de sus salidas que son seguras, terribles, puras y santas. Así como juzga con perfecta sabiduría, también actúa con fortaleza y seguridad perfectas.

Verso 19: "Yo conozco tus obras, y amor, y fe, y servicio, tu paciencia, y que tus obras postreras son más que las primeras."

Aquí Cristo exalta a la Iglesia de Tiatira por su caridad, y su disposición de hacer el bien, especialmente a los de la familia de la fe. No puede haber Cristianismo donde no hay obras de amor. También los alaba por su servicio en la ministración de los que trabajan en la Palabra. Su fe era la gracia que actuaba en su servicio y en su amor.

El Señor la alaba por su paciencia. Los que tienen más amor hacia los demás, son los más diligentes y fieles, sin embargo, éstos se encontrarán en circunstancias donde deberá ejercitar su paciencia. Las últimas obras de este grupo de hermanos, eran mejores que las primeras. Su fruto iba en aumento. Esta es una admirable característica. Cuando otras Iglesias habían dejado su primer amor, éstos crecen en buenas obras.

Verso 20: "Pero tengo unas pocas cosas contra ti; que toleras que esa mujer, Jezabel, que se

*dice profetiza, enseñe a mis siervos a fornicar y
a comer cosas sacrificadas a los ídolos."*

Note el reproche fiel por lo que falta a esta
Iglesia. Ellos toleraban que una mujer, una
sacerdotisa de Diana estuviera en sus medios y
enseñara a los creyentes las sucias prácticas de
su religión pagana.

La diosa Diana de los Efesios
Cuando Pablo envió a Timoteo a pastorear la
Iglesia de Éfeso, éste se encontró que en esta
ciudad las mujeres eran las que controlaban la
religión pagana.

Ellas adoraban a la diosa Diana. Esa fue la
razón por la cual Pablo ordenó a Timoteo que no
permitiera que las mujeres enseñaran a la
congregación.

Esta seductora, mensajera de Satanás se había
introducido en la Iglesia para hacerles daño a
los hermanos.

Ella reclamaba que tenía más autoridad que los
ministros de la Iglesia. Lo más terrible era que
usaba el Nombre de Dios para oponerse al

verdadero evangelio. *"El que tiene los ojos como llama de fuego",* estaba observando sus artimañas y sus movimientos. Él es el único que conoce a los que no están vestidos de boda

LA DIOSA DIANA DE LOS EFESIOS

El Señor la llamó "Jezabel" comparándola con aquella que perseguía a los profetas de Dios, y que era la gran sacerdotisa de Baal, la protectora de los falsos profetas y la promotora de la

idolatría entre el pueblo de Israel. Por causa de su diabólico plan de arrebatarle la viña a Nabot y ordenar su asesinato, recibió la sentencia horrible de que los perros devorarían sus carnes, como dice en 1 Reyes 21:23.

Verso 21-23: "Yo le he dado tiempo para que se arrepienta, pero no quiere arrepentirse de su fornicación. He aquí, yo la arrojo en cama, y en gran tribulación a los que con ella adulteran, si no se arrepienten de las obras de ella. Y a sus hijos heriré de muerte, y todas las iglesias sabrán que yo soy el que escudriña la mente y el corazón, y os daré a cada uno según vuestras obras."

El arrepentirse es necesario para evitar la ruina final del pecador. Donde Dios da tiempo, espera ver fruto. Cuando el espacio de tiempo concedido se pierde, el pecador perece con una doble destrucción. Esta sacerdotisa no quería arrepentirse de su fornicación con sus dioses. Ella era una adúltera espiritual y material. Ella se decía ser cristiana, pero aún era pagana. El adulterio espiritual es el peor de todos. El Señor le dijo que la amistad con el mundo es adulterio espiritual.

Pero note la sentencia; *"He aquí, yo la arrojo en cama, y en gran tribulación a los que con ella adulteran, si no se arrepienten de las obras de ella."*

El Señor permite que Satanás aflija el cuerpo de esta mujer con una enfermedad terrible; "un lecho de llamas." Satanás tendrá la mano libre para con los seguidores de ella. Ellos pasarán por grandes tribulaciones. *"Y a sus hijos heriré de muerte."* Los hijos de esta seductora y los de sus seguidores serían heridos de muerte.

"Y todas las Iglesias sabrán que yo soy el que escudriña el corazón, y os daré a cada uno conforme a sus obras."

El castigo de esta mujer y sus seguidores servirá de ejemplo visible a los creyentes de todos los tiempos, como lo fue el castigo de Ananías y Zafira.

¿Por qué el Señor culpa a la Iglesia de la maldad de una sola persona? Porque la Iglesia permitió que ella sedujera al pueblo. Aunque la Iglesia no tenía el poder civil para castigarla, tenía el poder espiritual para darse cuenta de su maldad y expulsarla de sus medios.

ALGUNOS ÍDOLOS DE LAS NACIONES

Así muchas veces la Iglesia pasa por alto los pecados de algunos porque son importantes y aportan mucho dinero para la Iglesia. Dios se dará a conocer por los juicios que ejecuta, y por la venganza que toma de los seductores de su pueblo. También da a conocer su justicia imparcial al darle a cada uno conforme a sus obras, para que el solo nombre de cristiano no le sirva de protección. Las congregaciones del Señor no deben ser refugio de pecadores endurecidos, sino de pecadores arrepentidos.

Verso 24: "Pero a vosotros, y a los demás que están Tiatira, a cuantos no tienen esta doctrina, y no han conocido las profundidades de Satanás, yo os digo; No os impondré otra carga; pero lo que tenéis, retenedlo hasta que yo venga."

La Jezabel de esta Iglesia reclamaba que ella tenía una doctrina más profunda de lo que el evangelio revelaba. Este conocimiento es "profundidades de Satanás y misterios diabólicos." En el tiempo presente estamos rodeados de ellos. Aquí está la Nueva Era, que se ha introducido encubiertamente en la Iglesia, con su espiritismo sofisticado, con el nombre parapsicología, astrología, y adoración del cuerpo, que es idolatría.

También el satanismo y las brujas están reconocidas como religiones por el gobierno. El diablo tiene algo para todos los niveles intelectuales. Para los que se creen más inteligentes tiene la parapsicología, la percepción extra sensorial, la astrología, la hipnosis, el yoga, etc. Para los más ignorantes tiene el espiritismo, la brujería, la santería y la idolatría.

Todo esto parece un pasatiempo inocente para los creyentes, pero esto lo conduce a la enfermedad espiritual y la muerte del espíritu. Personas supuestamente religiosas acuden a consultar a los llamados "muertos". Como ellos son muertos, consultando muertos, no se dan cuenta que con quien consultan es con demonios disfrazados que los conducen a la eterna perdición.

Es muy peligroso tratar de conocer más allá de lo que el Señor nos ha dejado en la Palabra, porque aquí es que el diablo se aprovecha para conducir al creyente a los misterios de Satanás, porque él siempre tiene sus "misioneros" dispuestos a ayudar a los incautos.

"No os daré otra carga." ¡Que tierno es Jesús con sus siervos fieles! No os pondré otra carga, ni a su fe con nuevos misterios, ni a sus conciencias con nuevas leyes. Sólo requiero de ustedes que atiendan con más diligencia a lo que ya tienen.

Verso 26-28: "El que tiene oídos, oiga lo que el Espíritu dice a las Iglesias". Al que venciere, y guardare mis obras hasta el fin, yo le daré autoridad sobre las naciones, y las regirá con vara a de hierro, y serán quebradas como vaso de alfarero; como yo también la he recibido de mi Padre, y le daré la estrella de la mañana."

Los vencedores reciben la autoridad, el derecho de abogado de usar el Nombre de Jesús, contra las huestes de tinieblas y para destruir las obras del diablo ahora, y en el más allá de reinar sobre naciones. La estrella de la mañana…Orión…O la luz de la Palabra para que alumbre a otros.

MENSAJE A SARDIS
Capítulo 3

Esta Iglesia recibe una "D".

Sardis era la antigua capital de Lidia al oeste del Asia Menor, y era el centro de adoración de la diosa asiática conectada con Artemisa (Diana) o Cibeles. Esta ciudad estaba a 30 millas de Tiatira y a 48 millas de Esmirna. Prominentes ruinas en el sitio de Sardis incluyen el templo de Artemisa, o Cibeles, un teatro Romano y un estadio.

Verso 1: "Escribe al ángel de la Iglesia de Sardis; El que tiene los siete espíritus de Dios, y las siete estrellas, dice esto; Yo conozco tu obras, que tiene nombre de que vives, y estás muerto."

Jesús tiene los siete Espíritus de Dios. Este es el Espíritu Santo en sus diversas operaciones y gracias. El Espíritu Santo es Uno, aunque variado; se puede decir, séptuple, el número de las Iglesias de Asia. En cada congregación hay una dispensación y una medida del Espíritu dada a ellos; una reserva espiritual para que se desarrolle, la cual, si no la usan debidamente, le puede ser quitada.

Tanto las Iglesias como los creyentes individuales, tienen una reserva espirituales. Esta carta es enviada a una Iglesia moribunda, por Jesús, a quien pueden apelar para que haga revivir el trabajo entre ellos. El que tiene las siete estrellas, que son los ángeles de las Iglesias, se da cuenta de lo que sucede en la congregación. Los ángeles de las Iglesias tienen que darle cuenta al Señor, y el Señor los pone fuera de servicio cuando lo desea.

LAS RUINAS DE LA IGLESIA DE SARDIS

Esto debe motivar a los ministros a mantenerse fieles y fervientes. Él tiene los ministros en su mano para emplearlos, y tiene poder para darles a ellos para que sean de bendición a la Iglesia. Casi siempre el Espíritu opera a través de los ministros pero su ministerio no es eficaz sin el poder del Espíritu Santo.

Esta carta comienza con un reproche. Las anteriores comenzaban con elogios por sus buenas obras. Jesús le dice: "Yo conozco tus obras, que tienes nombre de que vives y estás muerto."

Hipocresía religiosa, lamentable estado de decadencia, son los pecados de que los acusa el que los conoce muy bien. Esta Iglesia había ganado grande reputación. Tenía nombre honorable. Era floreciente, aparentaba ser una Iglesia viva, con pureza de doctrina, no había en ella divisiones, había uniformidad de culto.

En lo que el ojo humano podía ver, todo parecía normal y perfecto. Sin embargo, esta Iglesia no era lo que aparentaba ser. Tenía nombre de vida pero no tenía la llama de vida.

Había grande mortandad en sus servicios, en los miembros y en los ministros. Lo que quedaba vivo de ella estaba expirando. ¿No ha visitado Iglesias así? Más bien parecen casas fúnebres, que Iglesias de redimidos.

Verso 2: "Sé vigilante y afirma las otras cosas que están para morir; porque no he hallado tus obras perfectas delante de Dios."

Nuestro Señor procedió a darle a esta Iglesia degenerada el mejor consejo; que afirmaran las cosas que estaban para morir, y que fueran vigilantes.

Ellos estaban en aquella condición porque dejaron de velar y estar en guardia. Cuando dejamos de velar nuestra vida espiritual, perdemos terreno. El creyente debe estar siempre en guardia contra el mundo, el diablo, los razonamientos y todo lo que sea destructivo para su vida espiritual.

Las cosas que estaban por morir eran, su devoción y su temor; y las pocas personas que aun retenían su integridad, estaban en peligro de contaminarse con los demás. Es muy difícil mantenerse vivo cuando nos rodea un mundo muerto.

Unos pocos de muertos en una congregación de vivos, tiene esperanza, pero cuando la mayoría son muertos, los pocos vivos corren peligro. Los que tienen nombre de vivos pero dan testimonio de muertos, le hacen mucho daño al evangelio. Es mejor pastorear cinco vivos que cinco mil muertos.

A los miembros de aquella Iglesia les faltaba algo. Estaba la cáscara, pero no la pulpa. Estaba el cuerpo, pero no el espíritu. El servicio era frío, hueco y vacío. La oración no estaba llena de santos anhelos. Los que daban dinero no lo daban porque amaban el evangelio, sino por ostentación. Los cultos no estaban llenos de la debida devoción al Señor. Ellos honraban al Señor de labios, pero su corazón estaba lejos de él.

Verso 3: "Acuérdate, pues, de lo que has recibido y oído; y guárdalo y arrepiéntete. Pues si no velas, vendré a ti, como ladrón. Y no sabrás a qué hora vendré a ti."

El Señor les aconseja que recuerden lo que han recibido; salvación, dones, Palabra, y el amor del Señor. Que retengan lo que han recibido, lo que han oído, para que no lo pierdan todo, y que se arrepientan sinceramente de haber vivido una vida de religiosidad hipócrita. Cuando Cristo se aleja del creyente, regresa con juicio y su presencia será aterradora para los que han pecado contra la gracia.

Su venida a estas personas descuidadas será por sorpresa. El creyente fiel sabrá cuando el Señor vendrá por él. La Iglesia sabrá cuando el Señor vendrá por ella, porque *"No hará nada Jehová el Señor, sin que revele su secreto a sus siervos los profetas." Amós 3:7.*

2 Tesalonicenses. 5:4 dice; *"Más vosotros, hermanos, no estáis en tinieblas, para que aquel día nos sorprenda como ladrón."*

Así que los que estén vivos, especialmente los profetas, alimentados de la Palabra en el tiempo del retorno de Cristo, sabrán cuando Cristo viene por ellos, o por la Iglesia en general.

El Señor aconseja a la Iglesia moribunda de Sardis a que vele. ¿Velar qué? Su temperatura espiritual. La mente del hombre es como un jarro roto. La Palabra se escapa, es por eso que es necesario estarse alimentando de ella todo el tiempo. Así como nuestro cuerpo físico necesita comer diariamente para poder vivir, nuestro espíritu necesita del alimento de la Palabra para poder subsistir.

Aunque algunos opinan que la persona que es salva siempre será salva, haga lo que haga, la Escritura es explícita. El Labrador cortará de la Vid la rama muerta y seca. Y aunque el padre no puede negar su relación con el hijo muerto, esto no significa que le dará vida nuevamente. En casi todas las familias hay hijos vivos e hijos muertos físicamente. Así es en la Familia de Dios.

Verso 4: "Pero tienes una pocas personas en Sardis que no han manchado sus vestiduras; y andarán conmigo en vestiduras blancas, porque son dignas. El que venciere será vestido de vestiduras blancas: y no borraré su nombre del libro de la vida."

Nuestro bendito Señor no abandona esta Iglesia sin consuelo. En medio del juicio recuerda su misericordia. Un grupo pequeño de ellos no ha cedido a la corrupción prevaleciente. Dios conoce al pequeño número que se mantiene fiel. Mientras menos son, más preciosos para él.

Ellos están vestidos con vestiduras sacerdotales. Con vestidura de justificación, de adopción, de consuelo, honra y gloria. Andarán con Cristo por los caminos del paraíso celestial. Los que caminan con Cristo en los caminos de la fe, y el amor, que es la santidad práctica, y se mantienen sin contaminación en este mundo, caminarán con él en el otro.

Note la recompensa a los que venzan. La pureza de la gracia será recompensada con la perfecta pureza de la gloria. La santidad, una vez perfeccionada, es su propia recompensa. Cristo tiene su libro de la vida, el libro de certificados de nacimiento de los hijos de Dios, un registro de los que heredarán el cielo. El libro de la elección y de los recuerdos de todos los que han vivido con Dios y se han jugado el todo por el todo por seguir a Cristo. El no borrará el nombre de sus servidores fieles.

Esto implica que el que no es fiel, corre el riesgo de que su nombre sea borrado del libro de la vida. Muchos que no van a la Iglesia, ni se reúnen con los hermanos, que no tienen sus nombres registrados en el libro de la vida en uno de los rebaños del Señor, pueden creer que lo tienen escrito en el cielo, sin embargo, lo que la Iglesia escribe en la tierra es escrito en el cielo.

Lo que la Iglesia borra en la tierra es borrado en el cielo. Es necesario, pues, pertenecer a un redil, porque a las ovejas errantes se las come el lobo.

Cristo traerá este registro a la gran reunión de aquel día y confesará el nombre de sus seguidores fieles, delante del Padre y de sus ángeles. El hará esto como Juez, cuando los libros sean abiertos. Él lo hará como Capitán y Cabeza, guiándoles al cielo.

Verso 6: "El que tiene oído, oiga lo que el Espíritu dice a las Iglesias." La demanda de atención universal termina el mensaje. Cada palabra de Dios demanda atención de los hombres. Lo que parece ser dirigido a un grupo, tiene mucho de instrucción para todos.

MENSAJE A FILADELFIA

Esta Iglesia recibe una "A"

Filadelfia era una ciudad de Lidia situada al sur del Río Cogamis, a 30 millas al sudoeste de Sardis y 50 millas al noroeste de Laodicea. Fue edificada en el siglo segundo antes de Cristo por Atalus II.

Filadelfia era un próspero centro productor de vino. Allí se adoraba al dios Dionisio, el dios de vino. Ahora se conoce como Alasehir. Evidentemente había muchos judíos en Filadelfia que trabajaban ardientemente por conquistar a los judíos convertidos al Cristianismo para ganarlos de nuevo para el judaísmo. Ellos trataban que los creyentes volvieran a los ritos de la ley Mosaica. El nombre de esta ciudad es derivado del amor fraternal que se practicaba entre los ciudadanos.

Verso 7: "Escribe al ángel de la Iglesia de Filadelfia; Esto dice el Santo, el verdadero, el que tiene la llave de David, el que abre y ninguno cierra, y cierra y ninguno abre."

He aquí su carácter personal. Santo en naturaleza y verdadero en su Palabra, pues la ha hablado en santidad. Su carácter político se deja ver en las llaves de gobierno, y su autoridad sobre la Iglesia.

LAS RUINAS DE LA IGLESIA DE FILADELFIA

Observe los actos de su gobierno. El abre la puerta de la oportunidad a la Iglesia, la puerta de la elocuencia cuando lo desea y deja los pecadores obstinados encerrados en la dureza de sus corazones.

El cierra la puerta de la comunión a los profanos

e incrédulos que están en la congregación, y los echa fuera sin que ellos se den cuenta. Cierra la puerta del cielo a los que son como las vírgenes necias, que durmieron en el día de la gracia. Cierra la puerta a los obradores de iniquidad, no importa cuán vanidosos y confiados estén.

Verso 8: "Yo conozco tus obras: He aquí, he puesto delante de ti una puerta abierta, la cual nadie puede cerrar; porque aunque tienes poco fuerza, has guardado mi Palabra, y no has negado mi nombre."

Cuando Cristo obra nadie puede detenerlo. Él ha dejado una puerta abierta a esta Iglesia, una puerta que se mantendrá abierta, no importa cuán fuertes sean sus adversarios. Hay que reconocer que Cristo es el Autor de la libertad que la Iglesia disfruta.

Los hombres malvados envidian la libertad y la oportunidad que la Iglesia disfruta, y desearían poder cerrarla, pero el hombre no puede. Jesús le da un tierno reproche porque ellos dicen que tienen poca fuerza, no proporcionada a la puerta que les ha abierto. La verdadera gracia, aunque sea débil, tiene la aprobación divina, y aunque Cristo acepta la poca fuerza, el creyente debe crecer y fortalecerse en gracia para la gloria de Dios.

La verdadera gracia, aunque sea débil, hace más que los mayores dones o los grados más altos de la gracia humana. La verdadera gracia, aunque débil ayuda al creyente a guardar la Palabra de Dios y a no negar su Nombre. La obediencia, la fidelidad, y la libre confesión del Nombre de Jesús, son los frutos de la gracia verdadera y son agradables a Cristo.

Verso 9: "He aquí que yo entrego de la sinagoga de Satanás a los que se dicen ser judíos y no lo son, sino que mienten; he aquí yo haré que vengan y se postren a tus pies, y reconozcan que yo te he amado."

Cristo hará que los enemigos de la Iglesia le obedezcan. Esos enemigos son descritos como los que se dicen ser judíos y no lo son. Las asambleas que adoran a Dios en espíritu y en verdad. Los creyentes que confían en los méritos de Cristo, para su salvación, que son el Israel de Dios.

Los que confían en sus propias obras para salvación, o los que confían en otros dioses fuera de Cristo, y los adoran, aunque crean que son cristianos, son sinagoga de Satanás. En 1 Corintios 10:2 dice que en el mundo hay tres clases de gente; los judíos, los gentiles y la Iglesia de Dios. Todo el que no es judío, o se ha convertido a Cristo, pertenece al cuerpo de Cristo, es gentil.

En 1 Corintios 10:4 dice que los que los gentiles sacrifican, a los demonios lo sacrifican y no a Dios. Puede que los gentiles crean que están orando a Dios, o sirviendo a Dios y a sus santos y santas, pero la triste realidad es que Dios dice que sus rezos, sus novenas, sus sacrificios son hechos a los demonios.

Dios declara que éstos oirán el evangelio de la gracia de labios de los creyentes, el evangelio que debe ser predicado a toda criatura; que unos lo recibirán y se postrarán a los pies de la Iglesia, se sentarán a los pies de sus maestros para ser instruidos por ellos.

Otros oirán y rechazarán para ser condenados por su incredulidad ante el Gran Trono Blanco. Allí ellos reconocerán que Cristo ha amado a su Iglesia. Esto lo hará el Señor. Los que se postran a los pies de la Iglesia, no adoran a los ministros, sino que reconocen que han estado en un error y se unirán a las filas de los redimidos.

¿Cómo se logra este cambio? Por el poder divino obrando en sus corazones. El honor y el gozo que la Iglesia puede disfrutar consiste en el amor de Cristo y él puede hacerlo tan manifiesto que aun sus enemigos lo notarán. Esto por la gracia divina, ablandará sus corazones y les hará desear tener comunión con la Iglesia.

Verso 10: "Por cuanto has guardado la palabra de mi paciencia, también yo te guardaré de la prueba que ha de venir sobre el mundo entero, para probar a los que moran en la tierra."

El evangelio pone ante el hombre la paciencia de Jesús en todos sus sufrimientos como Substituto por él. Llama a los que les reciben a ejercitar una paciencia similar a la de Cristo.

Este evangelio debe ser guardado celosamente por los que lo reciben. Ellos deben mantener el nivel de su fe, la paciencia y el culto establecido en el evangelio. Después de un día de paciencia, debemos esperar una hora de prueba. Esta prueba es el examen de nuestra paciencia. La hora de prueba aquí parece referirse a la Gran Tribulación, porque ella ha de probar a todos los moradores de la tierra.

Los que guardan el evangelio, serán guardados de esta gran tentación a negar a Cristo por lo grave de la persecución. Los que creen que el Rapto viene antes de la Gran Tribulación, creen que esta Escritura dice que ellos escaparán de ella.

Los que afirman que Cristo vendrá después de la Gran Tribulación, creen que la misma gracia que los ha hecho fructificar en tiempos de paz, los guardará en tiempos de la gran prueba.

Verso 11: "He aquí yo vengo pronto, retén lo que tienes, para que ninguno tome tu corona." Esa fe, esa verdad, esa fuerza de la gracia, esa perseverancia, ese amor por los hermanos, tenemos que retenerlo.

"He aquí yo vengo pronto." Yo sólo vengo a quitar la prueba, a recompensar a los fieles, y a castigar a los infieles. Ellos perderán la corona a la que una vez parecían tener derecho. Los que perseveren hasta el fin, ganarán el galardón que perdieron los que se tornaron atrás.

Verso 12: "Al que venciere, yo lo haré columna en el templo de mi Dios, y nunca más saldrá de allí; y escribiré sobre él, el nombre de mi Dios y el nombre de la ciudad de mi Dios, la nueva Jerusalén, la cual desciende del cielo, de mi Dios y mi nombre nuevo."

Aquí el Señor la da cuatro promesas a los que venzan. Primero: Los hará columnas en el templo de Dios, o en la Iglesia. Serán usados con poder en el desarrollo del cuerpo de Cristo. Su vida cristiana será un monumento que jamás será demolido y sus obras seguirán.

Segundo: Nunca más saldrán de la Iglesia. El Señor los mantendrá en su servicio. El que es fiel en lo poco, el Señor lo pone en lo mucho. Cuando llegue el fin de sus servicios, será porque el Señor lo lleva al cielo a continuar su labor.

LAS COLUMNAS DE LA IGLESIA

Tercero: En su vida se reflejará en qué ejército milita, bajo qué bandera sirve, y de qué General recibe órdenes. En ese monumento se registran los servicios que el creyente da a la Iglesia, como la honra, como ayuda a su desarrollo y crecimiento. Cuarto: El tendrá el privilegio de conocer y utilizar el Nombre de Jesús como arma de ofensa y defensa y disfrutará del poder envuelto en ese maravilloso Nombre.

Verso 13: "El que tiene oídos para oír, oiga lo que el Espíritu dice a las Iglesias." La carta se cierra con la demanda de que todos pongan atención a como Cristo ama y valora a su pueblo fiel, y cómo coronará su fidelidad.

MENSAJE A LAODICEA

Esta Iglesia recibe una "F"

Laodicea era una ciudad en la parte oeste de Asia Menor. Era conocida como Diospolis y Roas. El Rey Antioco la reedificó por tercera vez y le dio el nombre de su esposa Laodice. Estaba situada a 20 millas de Colosas.

Laodicea disfrutó de gran prosperidad como ciudad manufacturera y bancaria. En ella estaba una gran escuela de medicina donde se inventó el famoso "polvo Frigio" para los ojos. Una de las más prominentes deidades de la ciudad era

Esculapio, el dios de la medicina. La ciudad yace en ruinas como símbolo de la ira del Cordero.

Verso 14: "Escribe al ángel de la Iglesia en Laodicea; He aquí el Amen, el testigo fiel y verdadero, el principio de la creación de Dios, dice esto."

Hemos llegado a la última y peor de la siete Iglesias de Asia. Ella es el polo opuesto de Filadelfia. Así como a Filadelfia no se le reprocha nada, a ésta no se le reconoce nada digno de alabanza, sin embargo es uno de los siete candeleros.

Laodicea, como Roma, estaba construida sobre siete montes. Se cree que Pablo fue el instrumento que Dios usó para sembrar el evangelio en esta ciudad, acerca de la cual se escribió esta carta, como lo menciona la Epístola a los Colosenses. Fue en esta ciudad donde se celebró un concilio en el siglo cuarto.

El Señor se identifica como el Amen, el testigo fiel y verdadero, el principio de la creación de Dios. El sí y el Amen, el que no cambia, el testigo de que debe ser creído y aceptado. El testigo de los hombres ante Dios, cuyo testimonio es creído y recordado. El será testigo contra la tibieza y la indiferencia de los que componen la Iglesia

RUINAS DE LA IGLESIA DE LAODICEA

Él es el principio de la creación, la primera causa, el Creador y Regente del Universo. Él es el primogénito de entre los muertos, habiendo resucitado por su poder divino, como Cabeza de la nueva creación, resucita muertos espirituales para que se vuelvan templos vivos de él mismo.

Verso 15: "Yo conozco tus obras, que ni eres frío ni caliente. ¡Ojalá fueses frío o caliente! Pero por cuanto eres tibio, y no frío ni caliente, te vomitaré de mi boca."

Note la terrible acusación que Cristo le hace a esta congregación, tanto al ministro, como a los laicos. El la conoce muy bien. La tibieza, o la tibieza en las cosas espirituales es la peor temperatura. Si el evangelio es algo real, es lo más excelente y debemos luchar por él con todo nuestro ser. Si no es algo real es la impostura más vil, y debemos combatirlo con todo nuestro ser.

Si el evangelio vale algo, lo vale todo. Una indiferencia aquí es inadmisible. Elías dijo al pueblo de Israel; *"¿Hasta cuándo claudicaréis en dos pensamientos? Si Jehová es Dios, seguidle; y si Baal, id en pos de él."*

En el evangelio no hay margen para la neutralidad. Un enemigo abierto del evangelio tendrá más oportunidad que un neutral. Hay más esperanza para un pagano que para un neutral. Cristo espera que el hombre se decida por él o contra él.

"Te vomitaré de mi boca." Así como el agua tibia revuelve el estómago y provoca el vómito, los creyentes tibios e indiferentes, tornan el corazón de Cristo y no puede soportarlos. Ellos pueden llamar a su tibieza, mansedumbre,

moderación y expansión de alma, pero es algo nauseabundo a Cristo y será al fin rechazado.

Verso 17: "Porque tú dices: Yo soy rico, y me he enriquecido, y de ninguna cosa tengo necesidad; y no sabes que tú eres un desventurado, pobre, ciego y desnudo."

La causa de la indiferencia era el orgullo y la autosuficiencia. Ellos creían que lo tenían todo, por esto no les importaba si crecían para bien o para mal. Ellos decían: "Soy rico y no tengo necesidad de nada." Ahora dicen: "Yo soy inteligente, tengo dinero, me basto solo, no necesito el evangelio."

La Iglesia de Laodicea estaba bien provista para las necesidades de su cuerpo y no pensaban en las necesidades de su espíritu. A pesar que tenían mucho conocimiento intelectual y lo tomaron como religión; tenían dones y los tomaron como gracia; tenían conocimiento y lo tomaron como sabiduría divina; tenían ordenanzas y las veneraron, en vez de adorar al Dios que las había dado.

En esta triste condición hay cantidad de congregaciones, que van al culto como a un club social y nunca dan fruto. Están sentados en sus cómodos asientos, mirando su precioso templo, y enorgulleciéndose de él, sin tomar en cuenta que sólo son una partícula del cuerpo de Cristo que tiene una gran encomienda, un gran trabajo que hacer apresuradamente porque Cristo ya viene.

¡Cómo debemos guardarnos para que el maligno no nos engañe! El infierno está repleto de personas que creían que iban para el cielo. No olvidemos que el Labrador corta de la vid las ramas que no dan fruto. La higuera que no dio fruto fue maldecida y se secó.

Oremos humildemente al Señor pidiéndole que él haga en nosotros y a través de nosotros la obra que desea que hagamos. Que no nos deje enorgullecer, como si nosotros la hubiésemos hecho, sino reconocer que él es quien hace las obras a través de nosotros que sólo somos instrumentos en su mano.

Cristo le dijo a la congregación de Laodicea que eran desventurados. Aunque estaban enorgullecidos, eran digno de compasión. Aunque eran ricos materialmente, eran pordioseros espirituales. No habían hecho provisión para que su espíritu pudiera sobrevivir.

En medio de la abundancia material estaban muriendo de hambre espiritual.

Estaban desnudos de justificación. Estaban endeudados con la justicia divina, y no tenían con qué pagarle. Pero lo más lamentable era que estaban tan ciegos que no conocían su condición, ni su camino, ni su peligro. Estaban ciegos, pero creían que tenían vista. La misma luz que estaba en ellos era tinieblas.

No podían ver a Cristo, aunque estaba tocando a la puerta. No veían a Dios por la fe. No se daban cuenta de su mortandad, ni podían ver el abismo que se abría a sus pies. No veían la eternidad aunque la tenían tan cerca.

Estaban desnudos, sin hogar ni puerto. Estaban sin Dios que es el reposo de su pueblo para siempre. Las riquezas materiales no enriquecen al espíritu humano. La casa más confortable para el cuerpo no asegura el reposo para el alma. La vista del cuerpo no ilumina el espíritu. El espíritu es diferente del cuerpo. El necesita alimento de la Palabra, de lo contrario, en medio de la prosperidad se sentirá desventurado y miserable. La mayoría de los que componían esta congregación estaban perdidos dentro de ella.

Verso 18: "Por tanto, yo te aconsejo que de mí compres oro refinado en fuego, para que seas rico, y vestiduras blancas para vestirte, y que no se descubra la vergüenza de tu desnudez; y unge tus ojos con colirio para que veas."

Cristo aconseja a esta gente pecadora. Es aquí que ellos dejan caer la vana y falsa opinión que tienen de sí mismos. El Señor continúa aconsejando a los que echan sus consejos tras sus espaldas. La condición del pecador nunca es tan desesperada mientras disfrutan de los consejos y los llamados de la gracia de Cristo por medio del evangelio.

Esta Iglesia era muy pobre espiritualmente. Cristo les aconsejó comprar oro fino de la Palabra para que se volvieran ricos. Él le dijo donde podían encontrar la verdadera riqueza. No los envió a las minas de Potosí, ni a los arroyos de Póctulos, sino a él mismo, a su Palabra.

¿Cuánto les costaría? Debían comprarlo. De Cristo se compra sin precio, vino y leche, como dice Isaías 55. En Prov. 23:23 dice; *"Compra la verdad y no la vendas; la sabiduría, la enseñanza y la inteligencia."*

Ellos debían abandonar algo para comprar la verdadera riqueza. Debían abandonar el pecado y la autosuficiencia, y venir a Cristo humildemente, conscientes de su pobreza espiritual y su gran necesidad, para que fueran llenos de los tesoros escondidos.

Esta Iglesia estaba desnuda. Cristo les dice que tiene vestiduras blancas para vestirlos, pero antes deben despojarse de sus vestidos de justicia propia y ponerse los vestidos de justifican que él les ofrece. Hay tantos creyentes que están envueltos en los harapos de su justicia propia, que han abandonado la justicia del sacrificio de Cristo en su favor.

Están ciegos. Cristo les aconseja que unjan sus ojos con colirio. Que abandonen sus pensamientos y razonamientos de los sentidos, que sólo son tinieblas, y se sometan a los razonamientos de Dios, que están registrado en la Palabra, especialmente en la Epístolas, que son para la Iglesia. Entonces sus ojos espirituales serán abiertos por el Espíritu Santo y podrán ver su camino, su fin, su deber y sus intereses.

Una nueva y gloriosa escena se abrirá ante ellos.

Un mundo lleno de objetos luminosos, en el mundo espiritual. Esta luz será maravillosa a los que acaban de salir del poder de las tinieblas. Es el consejo que Cristo le da a los creyentes descuidados, y si ellos lo siguen, él está obligado a hacerlo efectivo.

Verso 19: "Yo reprendo y castigo a todos los que amo: Sé, pues, celoso y arrepiéntete." Él les dice: "Ustedes pensarán que les hablo fuerte, pero sólo es el amor que siento por vuestras almas." Si Cristo no los hubiera amado, no los hubiera reprochado.

Los creyentes pecadores deben ver señales del amor de Cristo por ellos, y debe arrepentirse. Son más dulces las heridas de un amigo que las sonrisas de un enemigo. Si estos creyentes cumplen lo que Cristo les ha dicho, él está listo para hacerle bien.

Verso 20: "He aquí, yo estoy a la puerta y llamo: Si alguno oye mi voz y abre la puerta, entraré a él y cenaré con él, y él conmigo."

Cristo se complace en venir a la puerta del corazón del hombre que naturalmente está cerrado contra Cristo en su ignorancia, incredulidad y prejuicios pecaminosos.

JESÚS TOCANDO A LA PUERTA DEL CORAZÓN

Cuando él encuentra el corazón cerrado, no se aparta inmediatamente, sino que espera pacientemente aunque su cabeza se moje de rocío. El usa todos los métodos posibles para despertar a los pecadores.

El los llama por la Palabra, por los impulsos del Espíritu Santo a sus conciencias. Los que abren la puerta a Cristo, disfrutan de su presencia. El cena con ellos. La Palabra es un banquete que Cristo trae al espíritu hambriento. Los consuelos del Espíritu en la Palabra, son las bebidas más deliciosas.

Cristo dijo: *"Mi carne es verdadera comida y mi sangre es verdadera bebida." (Juan* 6; 55). Esa carne y esa sangre es la Palabra. Y si alguno no la come no tiene vida eterna. Si lo que Cristo encuentra en el corazón sólo da para hacer una cena muy pobre, lo que él trae completará la cena y será majestuosa. ¡Cuánto se pierden los que se niegan a abrirle a Cristo!

Verso 21: "Al que venciere, le daré que se siente conmigo en mi trono, así como yo he vencido y me he sentado con mi Padre en su trono."

Llegamos a la conclusión de esta carta con una promesa a los que venzan su estado moribundo. Aunque la Iglesia parecía estar derrotada por la tibieza espiritual, es posible que los reproches del Señor les dieran nuevas fuerzas para salir victoriosos de su conflicto. Él dice que si lo logran, todas sus faltas serán perdonadas y su obediencia tendrá grande recompensa.

"Se sentarán conmigo en mi trono." Cristo sufrió tribulaciones, tentaciones, martirio, muerte e infierno, pero de todo salió victorioso y se sentó en el trono del Padre. Los que confían en él vencen, y participan de su gloria y están sentados con Cristo a la diestra del Padre, como dice Efesios 2:6. Estos se sentarán con Cristo en el trono de juicio y en su trono de gloria por la eternidad.

Verso 22: "El que tiene oído, oiga lo que el Espíritu dice a las Iglesias."

La carta se cierra con una demanda de atención general, recordándole que lo que ella contiene no es para la interpretación privada, ni para la instrucción, reproche y consejo de esta Iglesia en particular, sino para todas las Iglesias de Cristo, en todos los tiempos y lugares.

En todos los tiempos y lugares hay retratos de estas Iglesias, tanto en las gracias como en los pecados. En todas las congregaciones hay personas que tienen relación con los estados de la siete Iglesias. Dios tratará con esas Iglesias y con esas personas en particular, como trató con estas Iglesias. Ellas son patrones de la Iglesia de todos los tiempos.

El revela lo que pueden esperar las Iglesias fructíferas y las Iglesia infieles. Los tratos de Dios con las Iglesias pueden servir de instrucción al resto del mundo. Es necesario que el juicio comience por la casa de Dios. Y si comienza con los creyentes, ¿Cuál será el fin de los que rechazan el evangelio de la gracia?

LA IGLESIA ANTE EL TRONO DE DIOS
Capítulo 4

1: "Después de esto miré, y he aquí una puerta abierta en el cielo; y la primera voz que oí, como de trompeta hablando conmigo, dijo: Sube acá, y yo te mostraré las cosas que sucederán después de estas."

Aquí tenemos la segunda visión del apóstol Juan. "Después de esto." No sólo después de haber visto a Cristo caminando en medio de los siete candeleros, sino después de haber tomado los mensajes para las Iglesias y de haberlos enviado, conforme a la orden recibida, tuvo otra visión.

Los que aprovechan los descubrimientos que tienen de Dios, están preparados para recibir más y deben esperar más. "Una puerta abierta en el cielo." Las transacciones que se hacen en la tierra, en la Iglesia, son diseñadas en el cielo. Allí hay un modelo de todas las obras de Dios. Todas ellas están ante sus ojos y él le deja ver a los habitantes del cielo sólo lo que él cree conveniente que vean.

Verso 2: "Y al instante estaba yo en el Espíritu; y he aquí un trono establecido en el cielo, y en el trono, uno sentado." Note que Juan no sube hasta que recibe la invitación. Él no es de los que corren sin ser llamados.

"Sube acá." Esto es tipo del Rapto de la Iglesia. Será un llamado que nadie podrá ni deseará resistir.

Verso 3: "Y el aspecto del que estaba sentado en el trono era semejante a una piedra de jaspe y cornalina y había alrededor del trono una arco iris, semejante en aspecto a la esmeralda."

EL LEVANTAMIENTO DE LA IGLESIA

El que está sentado en el trono no es descrito por ninguna forma humana, como para que los hombres le representen por medio de imágenes, sino por el brillo y esplendor trascendental.

El jaspe es una piedra preciosa transparente, que refleja los más diversos y vívidos colores, simbolizando las gloriosas perfecciones de Dios.

La cornalina es roja y simboliza la justicia de Dios, ese atributo del cual no se despoja en favor de nadie, sino que lo ejercita gloriosamente en el gobierno del universo, especialmente en la Iglesia, por medio del Señor Jesús.

Juan vio un arco iris alrededor del trono, como una esmeralda. El arco iris era el sello del pacto de Dios con la naturaleza por medio de Noé, el cual refleja los siete colores del espectro solar. Este arco iris es verde y es una adecuado emblema del Nuevo Pacto que Dios hizo con Cristo como Cabeza de la Iglesia, los que le han recibido como Salvador y le sirven como Señor. El color verde simboliza la frescura perenne del Nuevo Pacto.

Verso 4: "Y alrededor del trono había veinticuatro tronos; y vi sentados en los tronos a veinticuatro ancianos, vestidos con vestiduras blancas, con coronas de oro en sus cabezas."

LOS 24 ANCIANOS ANTE EL TRONO
Un símbolo del servicio en la congregación

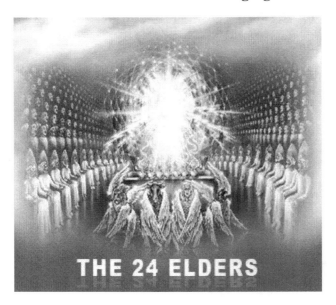

Los tronos que vio el apóstol estaban ocupados por los ancianos que son los representantes de la Iglesia triunfante, que han de subir al cielo en el Rapto. El número veinticuatro parece representar los doce patriarcas de la Iglesia hebrea, y los doce apóstoles de la Iglesia Cristiana.

Ellos están vestidos de blanco, la justicia de los santos, tanto imputada a ellos por creer en el Sacrificio de Cristo en su favor, como heredada por haber sido engendrados por el Padre cuando nacieron de nuevo.

En sus cabezas, coronas de oro simbolizando el honor y la autoridad que Dios les ha dado, y la gloria que tienen con él. Todo esto se puede aplicar tanto a la Iglesia militante en sus servicios de congregación, como a la Iglesia triunfante en el cielo.

Verso 5: "Y del trono salían relámpagos y truenos y voces; y delante del trono ardían siete lámparas de fuego, las cuales son los siete espíritus de Dios."

El apóstol oyó truenos y voces procedentes del trono. Estas son las poderosas declaraciones que Dios le da a la Iglesia de su voluntad y su poder soberano. Así él dio la ley en el Monte Sinaí. El evangelio no tiene menos autoridad y gloria que la ley, aunque sea más espiritual en naturaleza.

Juan vio siete lámparas de fuego que ardían delante del trono, y explica que son los siete espíritus de Dios. Este es el símbolo de siete veces santo Espíritu de Dios que se manifiesta en el creyente como Espíritu de adopción, de paz, de gozo, de amor, de oración, de santidad y de poder.

Es la influencia del Espíritu Santo en el creyente lo que hace que estas gracias se manifiesten en su vida. Y todo esto es dispensado de acuerdo a la voluntad de Aquel que se sienta en el trono.

Verso 6: "Delante del trono había como un mar de vidrio semejante al cristal; y junto al trono y alrededor del trono. Cuatro seres vivientes llenos de ojos delante y detrás."

Así como en el tabernáculo y en el templo había una fuente de agua en la cual se lavaban los sacerdotes antes de entrar a ministrar al Señor, en la Iglesia de Cristo, el mar, o la fuente de la purificación es la sangre de Cristo para redención, y la Palabra para consagración y santificación.

Para poder entrar en la presencia divina, en el huerto cerrado y sellado, que es el Cuerpo de

Cristo, la Iglesia, debemos lavarnos en la sangre de Cristo. La persona que va a ministrar ante el Cuerpo de Cristo, debe lavarse en el de la Palabra para que de la abundancia de Palabra que hay en su corazón hable su boca.

El vio también cuatro seres vivientes, cuatro animales, entre el trono y el círculo de ancianos; entre Dios y el Cuerpo de Cristo. Esto parece simbolizar los ministros de las Iglesias, no sólo por el lugar que ocupan ante Dios, y entre Dios y los hombres, sino porque se describen con muchos ojos, denotando sagacidad, vigilancia y prudencia.

Verso 7: "El primer ser viviente era semejante a un león; el segundo era semejante a un becerro; el tercero tenía rostro como de hombre; y el cuarto era semejante a un águila volando."

Si estudiamos detenidamente a Ezequiel 1:5-10 y Ezequiel 10:15, nos damos cuenta que son querubines.

El apóstol vio cuatro seres en forma de animales de apariencia monstruosa. Estos cuatro querubines son tipo de los cuatro ministerios de las Iglesias. El primero era semejante a un león.

El ministro debe ser osado y majestuoso como el león. ¿Cómo se obtiene esa osadía y esa majestuosidad? Dedicando tiempo a conocer su posición en Cristo.

Querubines ante el Trono de Dios

El segundo era semejante a un buey. El ministro debe ser laborioso y paciente como el buey. El tercero era semejante a un hombre. El ministro debe ser inteligente, prudente y discreto como hombre. El cuarto era semejante a un águila. El ministro, por su devoción debe remontarse en oración al cielo con alas de águila. Debe ser espiritual, consagrado y dedicado a su ministerio.

El ministro, si es varón, tiene cuatro pilares en su carácter. Él es rey, es guerrero, es maestro y es amigo. Como rey, provee para su familia y para la Iglesia. Como guerrero, protege su familia y la Iglesia. Como maestro instruye a su familia y a la Iglesia. Como amigo, es tierno, dulce y amable.

Si los pilares de su carácter no están balanceados, será un rey tirano, un dictador en el hogar, y en la Iglesia. Será un guerrero violento en la casa y en la Iglesia. Será un sabelotodo y un terco, y será un celoso apasionado en quien ni la familia ni la Iglesia podrán tener comunión ni confianza.

El ministro balanceado, sabe que es sólo un vaso desechable, el cual siempre debe estar lleno de bebida deliciosa para que todos beban de él y sacien su sed. Como vaso desechable no esperará que lo coleccionen, ni lo pongan en el escaparate de lujo, sino que lo aplasten, le hagan rotos con un lápiz, lo arrojen a la basura, y nunca más se acuerden de él. Esto debe ser así para que toda la gloria sea de Cristo, que es el tesoro que contiene el vaso. (Vea 2 Corintios 4:17).

Verso 8: "Y los cuatro seres vivientes tenían cada uno seis alas, y alrededor y por dentro estaban llenos de ojos, y no cesaban día y noche de decir: Santo, Santo, Santo es el Señor Dios Todopoderoso, el que era, el que es, y el que ha de venir."

Note que estos seres vivientes, lo querubines en el cielo y los ministros en la tierra, están llenos de ojos por dentro y por fuera. El verdadero Ministro, está consciente del estado de su alma.

Los querubines del Templo de Salomón

Él se mira primero internamente, para luego mirar a los demás. Su interés principal es el evangelio y su empleo principal es el de alabar a Dios y ministrar a los santos.

Los ancianos, la Iglesia, están sentados y se les ministra, pero los ministros están en pie ministrando y diciendo: Santo, Santo, Santo. Ellos están conscientes de que están en la presencia del Señor. El ser ministro del Señor, significa ser servidor del Señor. Esto es una gran honra, por lo tanto debemos respetar y cuidar nuestro ministerio.

Los querubines que vio Ezequiel, Cap. 1

Ellos adoran al Shadday, el Señor Dios Todopoderoso ; el que era en la eternidad de los siglos pasados, el que es en el presente, y el que será por la eternidad. El primero en la salvación, el que es en la santificación, y el que será en la resurrección del creyente.

Verso 9-11: "Siempre que aquellos seres vivientes dan gloria y honra y acción de gracias al que está sentado en el trono, al que vive por los siglos de los siglos, los veinticuatro ancianos se postran ante el trono y adoran al que vive por los siglos de los siglos, y echan sus coronas delante del trono diciendo; Señor, digno eres de recibir la gloria, la honra y el poder; porque tú creaste todas las cosas y por tu voluntad existen y fueron creadas."

Hemos observado lo que el apóstol vio en el cielo. Ahora observaremos lo que oyó, pues en el cielo no sólo está lo que se verá y santificará el ojo, sino también lo que se oirá y santificará el oído.

El oyó el cántico de los cuatro seres vivientes, de los cuales son tipo los ministros de la Iglesia. Ellos adoran un sólo Dios Todopoderoso, inconmovible y eterno. Adoran el gobierno de Dios compuesto de tres Personas; el Dios Padre, el Dios Hijo y el Dios Espíritu Santo.

Así como en las naciones el gobierno se compone de cuerpo administrativo, legislativo y ejecutivo, el Gobierno de Dios se compone de Padre, Hijo y Espíritu Santo. Esto es lo que significa el nombre, Dios. Dios el Padre planeó la redención, Dios el Hijo obró la redención y Dios el Espíritu Santo obra la santificación.

Juan oyó en su visión, la adoración de los ancianos, la adoración de la Iglesia triunfante que se fue en el Rapto. Los ministros dirigen el coro y el pueblo los sigue. El objetivo de su adoración es el mismo: El que se sienta en el trono. El cuerpo de Cristo dirige su adoración a un sólo Dios, eterno y sublime.

Ellos no se unen a aquellos que tienen muchos dioses, o que adoran una variedad de dioses. Sólo hay un Dios, un Gobierno Universal y él sólo debe ser adorado tanto en el cielo como en la tierra.

Note la forma de adoración: Ellos se postran delante del que está sentado en el trono, y adoran al que vive por los siglos de los siglos. Dejan al descubierto una profunda reverencia, humildad y amor santo.

Echan sus coronas delante del trono, reconociendo que la gloria de ellos es del Señor que les ha salvado, santificado y glorificado. Ellos reconocen que la gloria del Señor es infinitamente más gloriosa que la de ellos y que su gloria estriba en poder estar en su presencia glorificándole día y noche.

Note las palabras de adoración: "Señor, digno eres de recibir la gloria, la honra y el poder." ¿Qué podrá darle la criatura al Creador? Ellos reconocen que Dios es exaltado muy por encima de toda bendición y alabanza. Él es digno de recibir toda la gloria, pero ellos no son dignos de alabarle de acuerdo a las infinitas excelencias de Dios.

Aquí tenemos la base para su adoración, la cual es triple. Primero: Él es el Creador de todas las cosas y debe ser adorado. Ninguna cosa, ninguna criatura debe ser adorada.

Segundo: El Señor es el preservador de la continua creación. Ellas son creadas aún por el poder sustentado de Dios. Todos los seres, excepto Dios, dependen de la voluntad y el poder de Dios. Por eso nada puede ser objeto de adoración, sólo Dios.

Tercero: Él es la causa final de todas las cosas. "Por tu voluntad existen y fueron creadas." No hay un Sub-Creador. Como Dios hizo todas las cosas para su placer, él las hizo para hacer con ellas como él quiere, para glorificarse de una u otra forma. El Padre, el Hijo y el Espíritu Santo son Uno porque a todos se les llama "Creador" (Salmo 104:30, Salmo 8 y Col.1:1617).

EL LIBRO DE LOS SIETE SELLOS
Capítulo 5

1; "Vi en la mano derecha del que estaba sentado en el trono un libro escrito por dentro y por fuera, sellado con siete sellos."

Hasta aquí el apóstol sólo había visto al Padre, el Gobernador de todo. Ahora es favorecido con una visión con los modelos y métodos de su gobierno, como están escritos en el libro que él sostiene en la mano.

El librito en la mano del Dios Padre

Los designios y métodos del Señor hacia la Iglesia y el mundo, son declarados. El Padre sostiene el libro en su mano derecha, para declarar la autoridad del libro, y su resolución de ejecutar los contenidos del mismo. Todos los consejos y propósitos de Dios, respecto a las cosas que ha creado, están registradas en este libro.

El libro está sellado con siete sellos y nadie conoce el contenido, sino él sólo. El libro tiene siete capítulos, y cada capítulo tiene un sello particular. Cuando se abre uno, se descubren sus eventos.

Los sellos no se abren todos de una vez, sino sucesivamente. Una escena introduciendo otra y explicándola hasta que todo el misterio de los consejos y la conducta de Dios sean cumplidas en la tierra.

Verso 2-4: "Y vi un ángel fuerte que pregonaba a gran voz: ¿Quién es digno de abrir el libro y desatar sus sellos? Y ninguno, ni en el cielo, ni en la tierra, ni debajo de la tierra, podía abrir el libro, ni aun mirarlo. Y yo lloraba mucho, porque no se había hallado a ninguno digno de abrir el libro, ni de leerlo, ni de mirarlo."

Juan oyó la proclama concerniente al libro sellado. El que clama es un ángel fuerte; no que en el cielo hayan ángeles débiles, como los hay en las Iglesias. El ángel sale, no sólo como el que va a hacer una proclama, sino como el campeón, con un desafío a cualquier criatura a que ejerciten su fuerza, o su sabiduría para abrir los decretos de Dios. Como campeón clamó a gran voz para ser oído en los tres mundos.

Él dijo: "Si alguna criatura, en el cielo, en la tierra, o debajo de la tierra se cree suficientemente grande para abrir los sellos, que lo intente."

Pero no había nadie, ni en el cielo: ángeles, querubines, serafines. Ni en la tierra; hombres poderosos y sabios. Ni debajo de la tierra; criaturas que desconocemos, pero que creemos sean los habitantes de las prisiones del Rey; el Infierno y el Tártaro, el mundo de los demonios. El mismo Satanás, con toda su sutileza, no se atreve a mirarlo. Sólo Dios puede abrirlo.

El apóstol estaba desilusionado y lloraba mucho. El deseaba conocer más acerca de Aquel que se sentaba en el trono. Los que han visto la gloria de Dios anhelan conocer su voluntad.

Verso 4: "Y uno de los ancianos me dijo: No llores. He aquí que el león de la tribu de Judá, la raíz de David, ha vencido para abrir el libro y desatar sus siete sellos."

Uno de los ancianos consuela a Juan diciéndole que hay alguien que puede abrir el libro. Si los ángeles no rehúsan aprender de la Iglesia, los ministros también deben aprender de ella. Dios puede hacer que sus hijos instruyan e informen a sus enseñadores cuando a él le place

¿Quién abrirá los sellos? El Señor Jesús, el león de la tribu de Judá, de acuerdo a su naturaleza humana, aludiendo a la profecía de Gén.49:10 "No será quitado el cetro de Judá hasta que venga Siloh." Y raíz de David, de la línea regia, aunque era el Señor de David.

Aquel Mediador entre Dios y los hombres, es digno de ejecutar los designios del Padre hacia los hombres. Esto lo hace en su oficio de Mediador, como la raíz de David y el retoño de Judá, y como Rey y Cabeza de su pueblo.

Verso 6-7: "Y miré y vi que en medio del trono y de los cuatro seres vivientes, y en medio de los ancianos, estaba en pie un Cordero como

inmolado, que tenía siete cuernos, y siete ojos, los cuales son los siete espíritus de Dios enviados por toda la tierra. Y vino y tomó el libro de la mano derecha del que estaba sentado en el trono."

El apóstol vio el libro en las manos de Cristo. Aquí se describe a Cristo por su lugar, entre los seres vivientes y el trono. Él está más cerca del Padre que ninguna criatura.

Cristo el Cordero con siete ojos y siete cuernos

A pesar que "siendo en forma de Dios, no estimó el ser igual a Dios como cosa a que aferrarse, sino que se despojó a sí mismo tomando forma de siervo, hecho semejante a los hombres, y estando en la condición de hombre, se humilló a sí mismo, haciéndose obediente hasta la muerte y muerte de cruz", (Fil. 2;68).

Los ministros están entre Dios y el pueblo, pero Cristo está entre los ministros y el Padre.

El antes había sido llamado, León, pero aquí aparece como un Cordero sacrificado. Para Satanás, Cristo es el León que lo venció, pero para el Padre, es el Cordero que satisface los reclamos de la Justicia divina. El aparece con las señales de sus sufrimientos para mostrar que él intercede en el cielo en virtud de lo que hizo.

Aparece como un Cordero con siete ojos; denotando perfecto poder para ejecutar la voluntad de Dios, y sabiduría infinita para entenderlo todo en forma efectiva. Los siete ojos denotan su Omnipresencia. El todo lo ve. Los siete cuernos son símbolo de aquella toda potestad que le fue dada en el cielo y en la tierra.

Él toma el libro de la mano del Padre, no por la fuerza, sino por la voluntad del que se sienta en el trono. Él tiene derecho por sus méritos. El Padre pone en las manos de Cristo sus secretos eternos y él lo toma gozoso. Él siempre está listo a hacer la voluntad del Padre y a revelar al Padre.

Verso 8: "Y cuando hubo tomado el libro, los cuatro seres vivientes y los veinticuatro ancianos se postraron delante del Cordero; todos tenían arpas y copas de oro llenas de incienso, que son las oraciones de los santos."

La Iglesia que se fue en el Rapto, de todo linaje y lengua y nación, en el cielo

El apóstol observa el gozo universal que llena el cielo y la tierra por esta transacción. Enseguida que Cristo recibe el libro de mano del Padre, recibe los aplausos y la adoración de los ángeles, y de la Iglesia redimida. Es verdadero motivo de gozo ver que Dios no trata al hombre en la más estricta justicia y poder, sino a través de la gracia y la misericordia, por medio del Redentor.

Note que la Iglesia representada por los ancianos, tiene arpas y copas de incienso que son las oraciones de los santos. ¿No es maravilloso saber que mientras estamos en el mundo orando, estamos seguros de que nuestras oraciones son preservadas como incienso perfumado en copas de oro? Esto nos debe llevar a vivir una vida de oración.

*Verso 9: "Y cantaban un nuevo cántico diciendo: Digno eres de tomar el libro y de abrir los sellos: porque tú fuiste inmolado, y con tu sangre nos has redimido para Dios, **de todo linaje, y lengua, y pueblo y nación.**"*

La Iglesia triunfante de toda nación en el cielo adora el Cordero por los siglos, y recuerda la razón por la cual Cristo es digno de abrir el libro. El los redimió con su sangre, no sólo a los judíos, sino a todos los creyentes de toda nación, pueblo y lengua. Sólo por el Sacrificio de Cristo, la Iglesia puede estar en el cielo este himno de adoración.

El cántico de alabanza se ofrece en tres partes. 1: La ofrecida por la Iglesia triunfante. 2: La ofrecida por los ángeles. 3: La ofrecida por todas las criaturas. La Iglesia comienza la doxología, como la más interesada en la alabanza, Luego los ángeles y las criaturas se unen al gran coro.

El Cordero es el motivo de la adoración. Es la declarada voluntad del Padre que los ángeles, los hombres y la creación entera adoren al Hijo como adoran al Padre. La Iglesia se postró ante el Cordero con las arpas y las copas de incienso. Esto es símbolo de la alabanza y la oración, que van unidas. Es tipo de la gran fiesta de las Bodas del Cordero.

"Porque tú fuiste inmolado, tu sangre fue derramada." El fruto del Sacrificio de Cristo fue la redención de su pueblo, del pecado, la culpa y la esclavitud a Satanás. El los redimió para que sirvan al Padre.

Verso 10: "Y nos has hecho para nuestro Dios reyes y sacerdotes y reinaremos sobre la tierra."

El esclavo que recibe la libertad no recibe honra

inmediata. Él está agradecido de haber recibido la libertad, pero el creyente que ha sido libertado de la esclavitud a Satanás, recibe inmediatamente honor y preferencia.

Ellos son hechos reyes y sacerdotes. Reinan en la tierra, que es su cuerpo físico, sus sentidos, y circunstancias adversas. Tienen poder para vencer al diablo y deshacer sus obras en el Nombre de Jesús. Ellos son hechos reyes y sacerdotes para que ofrezcan sacrificios espirituales por medio de Cristo. Ellos estarán con Cristo juzgando ángeles y hombres en el juicio final.

Millares y millares de ángeles

Verso 11: "Y miré y oí la voz de muchos ángeles alrededor del trono, y de los seres vivientes y de los ancianos; y su número era millones de millones."

Millones de millones de ángeles unidos a la Iglesia y los ministros adorando a Dios. En el cielo, la Iglesia no va a orar, ni a echar fuera demonios, ni ayunar, ni a predicar. El único trabajo que la Iglesia va a hacer es el de adorar a Dios. ¿Por qué no empezar ahora a practicar?

El enemigo le ha puesto una cremallera en la boca de los creyentes para que no adoren a Dios. ¿Sabe por qué? Porque donde se alaba a Dios, él se manifiesta. Al diablo no le conviene esto. Su trabajo es de hacer que los creyentes sientan vergüenza de alabar a Dios.

¿Cómo se alaba en el cielo? Cantando. ¿Cómo se alaba en la tierra? Cantando en el espíritu, cantando Salmos, cantando en lenguas angelicales. Cuando toda la congregación se une al concierto, parece una orquesta sublime, y queda envuelta en la nube del Señor.

Los ángeles son los que están alrededor de los creyentes, ministrando, cuidando, ayudando y protegiendo a los hijos del Dios vivo. Los ángeles son poderosos en fortaleza, pero sólo obedecen la Palabra de Dios en los labios del creyente, como dice el Salmo 103:20. Los ángeles del creyente que no conoce cómo usar la Palabra, están con sus brazos cruzados y sus alas plegadas, porque ellos solo obedecen a la Palabra.

Verso 12: "Que decían a gran voz: El Cordero que fue inmolado es digno de tomar el poder, las riquezas, la honra, la gloria y la alabanza, y todo esto está envuelto en el poder de su Nombre.

Verso 13-14: "Y todo lo creado que está en el cielo, y sobre la tierra, y debajo de la tierra, y en el mar, y a todas las cosas que en ellos hay, oí decir: Al que está sentado en el trono, y al Cordero, sea la alabanza, la honra, la gloria y el poder, por los siglos de los siglos. Los cuatro seres vivientes decían: Amen: y los veinticuatro ancianos se postraron sobre sus rostros y adoraron al que vive por los siglos de los siglos."

La doxología comenzada por la Iglesia, acompañada por los ángeles, resuena por toda la creación. El cielo y la tierra se unen en la alabanza al Redentor.

Todas las cosas por él subsisten, y todas las criaturas adoran el Redentor que las liberta de la cautividad donde gimen por causa de la corrupción del hombre, y por la justa maldición de la tierra el día de la Caída. La tierra y el cielo se unen al concierto y cierra con un Amen y se postran ante el Dios Eterno.

CRISTO PROCEDE A ABRIR EL LIBRO DE LOS JUICIOS
Capítulo 6

El libro de los consejos divinos es puesto en las manos de Cristo y este procede a abrirlo, pero sus predicciones son muy abstractas y difíciles de entender. Hasta aquí las aguas del santuario de la visión de Ezequiel nos han llegado al tobillo, las rodillas y tal vez a la cintura, pero de aquí en adelante comienza un río que no se puede pasar.

Las visiones de Juan, los cánticos de alabanza en los capítulos pasados tienen pasajes oscuros y difíciles de entender, pero eran leche para bebés, no vianda para hombres maduros, pero aquí somos lanzados a las profundidades y nuestro deber es tirar la red.

Cristo abre el primer sello, y sale el anticristo.

Solamente trataremos de sugerir la explicación que nos parece más obvia. La profecía se divide en siete sellos, siete trompetas, y siete copas. Entendemos que aquí da comienzo la semana setenta de Daniel y que la Iglesia no participa en los acontecimientos que están por suceder por motivo de la apertura de los sellos, porque la dejamos en el cielo, y no la volvemos a ver hasta el capítulo 19 de este libro.

Verso 1: "Vi cuando el Cordero abrió uno de los sellos, y oí a uno de los cuatro seres vivientes decir con voz de trueno: Ven y mira. Y miré y he aquí un caballo blanco: y el que lo montaba tenía un arco; y le fue dada una corona, y salió venciendo y para vencer."

Cristo, el Cordero, abrió el primer sello. Uno de los seres viviente llamó al apóstol para que viera lo que iba a acontecer. Un hombre montado en un caballo blanco. Los caballos blancos no eran admitidos en la guerra porque eran blanco seguro del enemigo. Pero el que monta este caballo está seguro del triunfo. Lleva un arco en la mano y le fue dada una corona.

EL CABALLO BLANCO: EL ANTICRISTO

El Rev. Finnis Jennings Drake afirma que este personaje es el anticristo que sale a hacer su labor horrible en el mundo, especialmente entre el pueblo judío. A este se le dio una corona.

Una corona significa un reino. El mundo coronará al anticristo como rey del planeta. Es seguro que cuando la Iglesia se vaya en el rapto, las naciones se unirán bajo un sólo gobierno para luchar contra lo que ellos dicen que es una invasión interplanetaria. El enemigo está preparando esto con el asunto de los UFO.

Debemos mantener en la mente que no es el diablo ni el anticristo quien trae la gran tribulación, sino Dios, porque son los juicios de los malvados.

EL CABALLO ROJO: LA GUERRA

Verso 3-4: "Cuando abrió el segundo sello, oí el

segundo ser viviente, que decía: ven y mira. Y salió otro caballo, bermejo; y al que lo montaba le fue dado poder de quitar de la tierra la paz, y que se matasen unos a los otros; y se le dio una gran espada."

Los próximos sellos nos dan una idea de los grandes y desoladores juicios con los cuales Dios castiga a los que les rechazan y abusan del evangelio. El apóstol es llamado a mirar un caballo de color diferente, un caballo rojo.

Esto significa el desolador juicio de la guerra, pues el que se sienta sobre este caballo es el demonio de la guerra y tiene poder de quitar la paz de la tierra y hacer que se maten unos a los otros. Aquellos que no se someten al evangelio deben esperar ser cortados por la espada de la justicia divina.

Verso 5-6: "Cuando abrió el tercer sello, oí al tercer ser viviente que decía: Ven y mira. Y miré, y he aquí un caballo negro; y el que lo montaba tenía una balanza en la mano. Y oí una voz de en medio de los seres vivientes, que decía: Dos libras de trigo por un denario, y seis libras de cebada por un denario, pero no dañes el aceite ni el vino."

EL CABALLO NEGRO: EL HAMBRE

Al abrir el tercer sello, apareció otro caballo diferente del anterior. Un caballo negro, cuyo jinete era el demonio del hambre. El que montaba el caballo tenía una balanza en la mano. Esto parece significar que en tiempos de la gran tribulación, el hombre tendrá que comer el pan por medida, como está profetizado en Levítico 26:26.

El apóstol oyó una voz de entre los querubines,

que decía: *"Dos libras de trigo por un denario, y seis libras de cebada por un denario".*

Esto parece indicar que la inflación llegará a tal extremo que una libra de trigo costará el salario de un día del trabajador, de acuerdo a Mateo 20:22.

El hambre sólo afectará a los pobres, pues el aceite y el vino, que eran delicadezas de los ricos, y que no necesitan ser cultivados, no serían tocados.

Cuando la persona aborrece el pan espiritual, es justo que Dios permita que sean privados del pan material. No tenemos que ser muy inteligentes para darnos cuenta que el pan material nos viene de Dios. Él puede cerrar el cielo y no enviar la lluvia, y con sólo este hecho la gente se muere de hambre. El hombre necio que no cree en Dios, no se da cuenta de cuanto depende de la misericordia divina.

Un juicio casi nunca viene sólo, sino que tiene repercusiones trágicas. El juicio de la guerra trae el hambre, y los que no se humillan, deben esperar juicios peores, pues donde Dios lucha, prevalece.

La última semana de la profecía de Daniel, la semana de años de la Gran Tribulación, se esperan cosas terribles para los habitantes de la tierra. El hambre de pan es terrible, pero el hambre por la Palabra de Dios es más terrible aún, aunque los pecadores descuidados no lo entiendan.

Verso 7-8: "Cuando abrió el cuarto sello, oí la voz del cuarto ser viviente, que decía: Ven y mira. Miré, y he aquí un caballo amarillo, y el que lo montaba tenía por nombre muerte, y el Hades le seguía; y le fue dada potestad sobre la cuarta parte de la tierra, para matar con espada, con hambre y con mortandad, y con las fieras de la tierra."

Note: Son los seres vivientes, los ministros; los que anuncian los juicios venideros. La voz que oye el apóstol es la voz de Cristo, dándole instrucciones y revelando a sus siervos las cosas que sucederán. Al abrir el cuarto sello, apareció otro caballo de color amarillo.

El que lo monta se llama, Muerte, y el Infierno lo sigue. La muerte es el rey de los terrores. La plaga de la enfermedad, la muerte en su imperio, la muerte reinando en el mundo, la muerte a caballo, cobrando nuevas víctimas cada minuto.

.

EL CABALLO AMARILLO: MUERTE E INFIERNO

.El acompañante de este rey de los terrores es el infierno, un estado de miseria eterna para los que mueren en sus pecados. En tiempos de destrucción general, multitudes van sin preparar al valle de la destrucción. Esto debe hacer que el hombre tiemble al pensar que la perdición eterna sigue a la muerte del pecador que no ha recibido a Cristo.

Si el hombre se detuviera a pensar que su vida es tan frágil, que él no tiene control de ella, que su vida futura es una incógnita; que su estado después de la muerte es un misterio para él, haría preparativos para su alma y la de sus hijos. Lamentablemente el diablo ha cegado su entendimiento y le hace creer que es amo y señor de su vida.

Observe que hay una conexión entre un juicio y el otro. La guerra es una calamidad de pérdidas que trae escasez y hambre. El hambre trae debilidad al forzar al hombre a comer lo que encuentra aunque no sea propio, y esto trae enfermedad y muerte.

En el libro de los consejos divinos, hay un juicio preparado para los burladores, pero hay misericordia para los que se detengan, examinen su vida y se postren a los pies de Cristo. En el libro de sus escritos, Dios ha publicado juicios a los malvados, y promesas para los justificados con la sangre del Cordero. Nuestro deber es observar y creer, tanto los juicios como las promesas.

Después de abrir los sellos de los juicios que se avecinan, y ver que su introducción ya se está dejando sentir en todo el mundo, podemos observar generalmente que Dios le dio poder sobre la cuarta parte de la tierra para matar con guerra, con hambre, con mortandad y con las fieras de la tierra.

El Dios Omnipotente le dio poder a estos instrumentos de su ira. El que sostiene los vientos en su mano, tiene bajo su gobierno las calamidades públicas. Ellas sólo pueden ir donde él les permite, y no más allá. A los tres grandes juicios de guerra, hambre y enfermedad, se le añaden las fieras de la tierra. Este es otro de los penosos juicios de Dios mencionados en Ezequiel 14:21.

Cuando una nación es vaciada por la guerra, el hambre, la enfermedad, o sea la pestilencia, las fieras se multiplican, y el remanente que queda no puede combatirlas. Ellos han quedado para servirle de alimento a las fieras.

Algunos opinan que estos son fieras, hombres corruptos, brutales y salvajes, quienes habiéndose despojado de todo vestigio de humanidad, se deleitan en servir de instrumento para la destrucción de otros. ¡Cuántos de estos están gobernando países e islas hoy día! La historia dará cuenta de sus crímenes, y el infierno está preparado para darles la bienvenida, como al rey de Babilonia, registrado en el capítulo 14 *de* Isaías.

EL QUINTO SELLO

Verso 9-10: "Cuando abrió el quinto sello, vi bajo el altar las almas de los que habían sido muertos por causa de la palabra de Dios y por el testimonio que tenían. Y clamaban a gran voz, diciendo: ¿Hasta cuándo, Señor, santo y verdadero, no juzgas y vengas nuestra sangre en los que moran en la tierra?"

El apóstol vio el ejército de mártires que habían dado su vida por causa de la Palabra y por el testimonio que daban de ser cristianos verdaderos durante la Gran Tribulación. Él los vio debajo del altar del incienso en el cielo, a los pies de Cristo, Gran Sumo Sacerdote.

Los perseguidores sólo pueden matar el cuerpo y nada más. Dios ha provisto un lugar mejor para sus almas que viven por la eternidad, a los que son fieles hasta la muerte, para los que no hay lugar en la tierra.

Los que creen que Cristo viene antes de la Gran Tribulación creen que estos son los que darán su vida en forma espectacular durante el período de la Gran Tribulación, porque los mártires de todos los tiempos antes del Rapto, habrán resucitado con Cristo.

Los que creen que el Rapto se efectuará después de la Gran Tribulación, creen que estos son los mártires de todos los tiempos, los que sellaron con su sangre su testimonio.

Lo importante es notar que ellos no fueron salvos por la sangre de su martirio, sino por el Sacrificio de Cristo. Ellos no lavaron sus ropas en su propia sangre, sino en la de Cristo.

¿Por qué sufrieron? Por creer la Palabra de Dios y confesarla. Esta es una noble causa por la cual el hombre puede dar su vida. Fe en la Palabra de Dios y la confesión de esa fe.

El clamor que oyó el apóstol era fuerte y contenía un humilde reclamo acerca de lo tardío de la justicia en contra de sus enemigos que les habían torturado y asesinado.

Las almas de los mártires de la Gran Tribulación debajo del Altar

Esto nos puede hacer pensar que los espíritus de los justos hechos perfectos en el cielo, retienen cierto resentimiento por lo que sufrieron de manos de sus crueles enemigos, y que aunque mueren orando por ellos, como hizo Cristo, que Dios los perdone, desean que para la honra de Dios y el evangelio, y para terror o convicción de otros, Dios haga justicia y tome venganza sobre el pecado de la persecución, aunque perdone y salve a los perseguidores.

Ellos encomiendan la causa a quien pertenece la venganza y la dejan en su mano. Habrá tanto gozo en el cielo con la destrucción de los implacables enemigos de Cristo, como de la conversión de los pecadores. Cuando caiga Babilonia se dirá: "Alégrate sobre ella, cielo, y vosotros santos, apóstoles y profetas, porque Dios os ha hecho justicia en ella."

Verso 11: "Y se le dieron vestiduras blancas, y se les dijo que descansasen todavía un poco de tiempo, hasta que se completara el número de sus consiervos y hermanos, que también habían de ser muertos como ellos."

El apóstol observa la bondadosa respuesta que se le da al clamor de ellos, y lo que se les da. Ropas blancas; símbolo de victoria y honor. Su gozo presente es la recompensa por sus sufrimientos.

Se les dice que deben estar satisfechos porque pronto se completará el número de sus consiervos de martirio, tal vez los que serán decapitados, que se mencionan en el capítulo 20;4, los que formarían parte de la resurrección llamada, el Rebusco, que es parte de la primera resurrección.

Esto se puede aplicar más bien al estado imperfecto de los santos en este mundo, que al de perfección en el cielo, porque allí no hay impaciencia, ni amonestación, pero en este mundo han grande necesidad de paciencia. Hay un gran número de Cristianos, conocidos de Dios, solamente que son señalados como ovejas al matadero, separados para sellar con sangre su testimonio.

Podemos pensar que ya no hay mártires, pero en el 1940, por ejemplo, murieron miles de Ortodoxos Rusos en Yugoslavia, a manos de los temidos Ustashi, por el sólo hecho de no ser Católicos Romanos.

La población de la Croacia no católica, tuvo dos alternativas; conversión o muerte. Los edificios de las Iglesias fueron clausurados, los adoradores Ortodoxos fueron encerrados en los edificios y obligados a hacer confesiones de fe, llevados a campos de concentración, o ejecutados.

Homicidios en masa fueron suplementados por la masacre de individuos, más que nada en distritos rurales. Los Ustashis casi siempre usaron las armas más primitivas, como trinches, espadas, martillos, y serruchos para torturar a sus víctimas antes de la ejecución.

Quebraron piernas, arrancaron la piel y la barba, los cegaron cortando sus ojos con cuchillos y aun arrancándolos de sus cuencas. No perdonaron mujeres ni niños...."

El holocausto de los seis millones de Judíos de manos de los alemanes durante la Segunda Guerra Mundial, ante el silencio de las instituciones religiosas del mundo, es la mancha de vergüenza más negra de este siglo, como lo fue la Inquisición en los siglos pasados.

A medida que el pecado va llenando la copa, así se va completando el número de los mártires de Dios. Cuando este número esté completo, Dios tomará justa venganza en sus crueles perseguidores, y a ellos le dará eterno descanso.

EL SEXTO SELLO

Verso 12: "Miré cuando se abrió el sexto sello, y he aquí hubo un gran terremoto: y el sol se puso negro como tela de silicio, y la luna se volvió toda como sangre."

Eclipse del sol, la luna de sangre

El Rev. Finnis Jennings dice que siete eventos suceden bajo este sello. 1: Un gran terremoto. Este será un terremoto literal. 2: El sol se puso negro como tela de cilicio. Esto también se cumplirá en el día del Señor. 3: La luna se convertirá en sangre, por causa del oscurecimiento del sol. 4: Las estrellas del cielo caerán a la tierra. Lluvias de meteoros, algunos pesando muchas toneladas, se estrellarán contra el planeta.

5: El cielo se enrollará como un pergamino. El trono de Dios y del Cordero será visibles. 6: Todo monte y toda isla se moverán de su lugar, a causa de los impactos de los grandes meteoros. 7: El gran día de la ira de Dios ha venido. El hombre podrá ver los tronos desde la tierra y se darán cuenta que la ira de Dios está derramándose.

Otros atribuyen esto a la gran revolución del imperio, en los tiempos de Constantino, y la supuesta caída del paganismo. Aun otros creen que se refiere a la caída de Jerusalén en el año 70, como emblema del juicio general y la destrucción de los malvados al fin del mundo, y ciertamente las de este evento son muy parecidas a las que el Señor Jesús pronosticó acerca de la caída de Jerusalén en Mateo 24:20, pero el Apocalipsis se escribió después del año setenta.

Hubo un gran terremoto. Esto puede tomarse en sentido político. El mismo fundamento de la Iglesia judía y el estado fueron sacudidos violentamente, aunque parecían tan estables como la misma tierra.

Así también, durante la Gran Tribulación habrá un gran terremoto. La tierra está completamente rajada en diferentes lugares. Los continentes Americanos tienen dos rajaduras que comienzan en Canadá y terminan en Argentina.

Esto sólo es el Nuevo Mundo, sin contar las de los demás continentes. Cada segundo la tierra se estremece. La capa de Ozono se está desgastando. La polución está creando una cortina de gases mortíferos en la atmósfera. El sol puede experimentar una Nova y morir.

Aún otros lo interpretan así: *"El sol se puso negro."* Fuera por un eclipse, o políticamente por la caída del gobierno de la nación judía. *"La luna se convirtió en sangre."* Los oficiales inferiores y los militares estuvieron revolcándose en sus sangres, durante la caída de Jerusalén y en los tiempos de la invasión del general Tito en el año setenta DC. Así será en los tiempos del anticristo. Habrá desolación general.

Durante la invasión a Kuwait, los de Irak encendieron más de setecientos pozos de petróleo. Los que estaban allí dicen que el cielo se oscureció, y la luna se veía como roja como sangre.

Verso 13-14: "Y las estrellas del cielo cayeron a tierra, como la higuera deja caer sus higos cuando es sacudida por un fuerte viento. Y el cielo se desvaneció como un pergamino que se enrolla, y todo monte y toda isla se removió de su lugar."

Lluvia de meteoritos

Algunos piensan que las estrellas que caen del cielo pueden significar pastores prominentes que caen de la gracia divina cuando son sacudidos por la presencia del Señor, quien viene como Juez a juzgar primero su Casa. O ministros que no se irán en el Rapto, y cuando sean enfrentados al martirio, negarán la fe.

El cielo que se enrolla como un pergamino puede significar que la Iglesia, como la conocemos ahora, no existirá en tiempos del anticristo. Sólo existirá la súper Iglesia.

En el pasado, el cielo fue la Iglesia judía. Hombres de esfera inferior de actividad en la Iglesia, cayeron bajo la espada del enemigo, y la Iglesia judaica se enrolló como un pergamino y se desvaneció, cuando fueron asesinados o llevados cautivos. Su estado eclesiástico pereció y fue echado a un lado hasta el año 1948, cuando Israel volvió a ser una nación.

"Toda isla se moverá de su lugar." Algunos afirman que esto sucederá al fin de la semana. Ellos dicen que habrá un gran terremoto que hará que el Monte de los Olivos se parta en dos, como dice en Zacarias 14:4. Entonces Jesús pondrá sus pies en el Monte, como lo prometió en Hechos 1:11. Este terremoto será a nivel mundial. Muchas islas desaparecerán.

La destrucción de la nación judía, en el año 70 afectó y atemorizó a las naciones vecinas. Este fue un juicio que anonadó al mundo. Así será durante el reino del anticristo. El terror se apoderará de los hombres. El anticristo tiene como propósito principal atormentar a Israel, con quien Dios estará tratando nuevamente como nación, después del rapto de la Iglesia.

Verso 15-17: "Y los reyes de la tierra, y los

grandes, los ricos, los capitanes, los poderosos, y todo siervo, y todo libre, se escondieron en cuevas y entre las peñas de los montes; y decían a los montes y a las peñas, Caed sobre nosotros y escondednos del rostro del que está sentado en el trono, y de la ira del Cordero; porque el día de su ira ha llegado; y ¿Quién podrá estar en pie?"

Ninguna autoridad, ni grandeza, ni riqueza, ni valor, ayudará al hombre en aquella hora. Los pobres esclavos, que uno podría pensar que no tendrían nada que temer porque no tienen nada que perder, serán sorprendidos en ese gran día.

Así tampoco escaparon los esclavos y ni los pobres en el año 70. Los cristianos escaparon porque Jesús les había dado señales. El escritor Josefo cuenta la historia de que en el año 69 vino el general Cestio Galo y rodeó la ciudad. Sin motivo aparente, se retiró.

Esto dio la oportunidad a los cristianos a huir a Petra. Durante ese tiempo se podía ver una espada de fuego suspendida sobre Jerusalén. Los judíos pensaron que Dios estaba de su parte y levantaron revuelta nuevamente contra los romanos. Entonces vino el general Tito y destruyó la ciudad. La espada que ellos habían visto era la espada de juicio de Dios. (Antigüedades de Judíos de Josefo).

El grado de terror que sintieron aquellos judíos y la sorpresa, los hizo clamar que se los tragase la tierra. ¿Cómo será el terror de los hombres descuidados e impíos cuando vean al que se sienta en el trono y al Cordero?

Aunque Dios es invisible, puede hacer que habitantes de la tierra sientan sus amenazadoras expresiones. Vea la furia de los ciclones, los terremotos, los tornados, las trombas marinas, etc. donde los hombres más endurecidos claman por misericordia.

Aunque Cristo es el Cordero que murió por el pecado del mundo para los que le acepten, puede enojarse hasta la ira. La ira del Cordero es espantosa, pues si el Redentor que aplaca la ira del Padre, es nuestro enemigo, ¿Dónde encontraremos amigo que nos ayude?

Los que mueren por la ira del Redentor, mueren sin remedio. Así como los hombres tienen su día de oportunidad y sus temporadas de gracia, también Dios tiene su día de justa ira, y cuando llegue ese día, los más fornidos pecadores no podrán estar ante él.

LOS 144 MIL SELLADOS
Capítulo 7

**Ángeles detienen los vientos de tribulación
por un momento.**

Verso 1: "Después de esto, vi cuatro ángeles en pie en los cuatro ángulos de la tierra que detenían los cuatro vientos de la tierra, para que no soplase viento alguno sobre la tierra, ni sobre el mar, ni sobre ningún árbol."

Estos vientos que los ángeles están restringiendo en la visión de Juan pueden ser los errores y la corrupción de religión que causan problemas en la Iglesia de todos los tiempos.

Algunas veces el Espíritu Santo es comparado al viento. Los espíritus de error y las herejías son comparados a los cuatro vientos, contrarios unos a los otros, pero haciendo mucho daño a la viña del Señor.

La Iglesia es el jardín de Dios. Los vientos de doctrinas tratan de quebrar las ramas, arrancando las frutas y los nuevos brotes. El diablo es llamado "el príncipe de la potestad del aire."

Con un poderoso viento derribó la casa de los hijos de Job. Los errores son como el viento, por los cuales son movidos los que no tienen su casa espiritual construida en la Roca, que es la Palabra de Dios.

Note que estos son vientos de la tierra, porque sólo soplan en las regiones más bajas de la tierra. El cielo está libre de ellos. Estos vientos son restringidos por el ministerio de los ángeles parados en los cuatro ángulos de la tierra: Norte, Sur, Este y Oeste. El espíritu de error sólo llega hasta donde Dios le permite. Él es libertado sobre los que no aceptan la verdad para que caigan en el error, (2 Tes. 2:11).

Verso 2-3: "Vi también a otro ángel que subía de donde se pone el sol, y tenía el sello del Dios vivo; y clamó a gran voz a los cuatro ángeles, a quienes se les había dado el poder de hacer daño a la tierra y al mar, diciendo: No hagáis daño a la tierra, ni al mar, ni a los árboles hasta que hayamos sellado en sus frentes a los siervos de nuestro Dios."

Un ángel detiene a los cuatro ángeles que tienen el poder de hacerle daño a la tierra, hasta que se sellaran los siervos de Dios. Dios tiene cuidado de sus siervos en tiempos de corrupción y de asegurarlos para que no se contaminen. El primero establece a sus siervos, luego los prueba. Él es quien tiene el tiempo de la prueba en su mano. Otro ángel es llamado, mientras los otros están restringiendo a Satanás y sus huestes. ¿Cómo se distinguen los siervos de Dios? El sello de Dios está en sus frentes, un sello que sólo él conoce.

Los estandartes de las doce tribus de Israel

Por esa señal son separados para seguridad y misericordia en los tiempos malos.

Verso 4-8: "Y oí el número de los sellados; ciento cuarenta y cuatro mil sellados de todas las tribus de Israel. De la tribu de Judá, doce mil sellados. De la tribu de Rubén, doce mil sellados. De la tribu de Gad, doce mil sellados. De la tribu de Aser, doce mil sellados. De la tribu de Neftalí, doce mil sellados. De la tribu de Manasés, doce mil sellados.

De la tribu de Simeón, doce mil sellados. De la tribu de Leví, doce mil sellados. De la tribu de Isacar, doce mil sellados. De la tribu de Zabulón, doce mil sellados. De la tribu de José, doce mil sellados. De la tribu de Benjamín, doce mil sellados. "

El número de los sellados; una cuenta particular de los que serán sellados. Todos pertenecen al pueblo de Israel. Doce mil de cada tribu, sumando 144 Mil. Note que en la lista no aparece la tribu de Dan. Tal vez fue muy adicta a la idolatría, y el orden de las tribus es alterada de acuerdo a los grados de su fidelidad a Dios

Algunos creen que este número se refiere al número selecto de judíos que fueron preservados por misericordia de la destrucción de Jerusalén. Otros afirman que ya aquel tiempo ya había pasado cuando Juan tiene esta visión, y que debe ser aplicado al remanente escogido por Dios en el mundo. Otros opinan que es un número de

Israelitas que el Señor usará como misioneros durante el tiempo de la Gran Tribulación, los cuales no podrán ser tocados por los agentes del anticristo, y que darán testimonio de Jesucristo.

Otros opinan que se trata de Israelitas que el Señor ha reservado de acuerdo a la elección de la gracia, sólo que aquí tenemos un número definido por uno indefinido. Debemos mantener en mente que la revelación es acerca de las cosas que eran, que son y que han de venir. Podemos hablar de las que se han cumplido, pero de las que se cumplirán en el futuro, sólo podemos teorizar

Verso 9: "Después de esto miré, y he aquí una gran multitud que nadie podía contar, de todas la naciones y tribus, pueblos y lenguas, que estaban delante del trono en la presencia del Cordero, vestidos de ropas blancas, y con palmas en las manos."

Aquí el apóstol ve una gran multitud de todas las naciones, que sufrieron durante la Gran Tribulación. Aparentemente estos recibieron a Cristo después del Rapto. Puede que sean los familiares y amigos de los que se fueron en el Rapto, que al fin se dieron cuenta de la realidad del evangelio y perecieron por no dejarse sellar.

Verso 10: "Y clamaron a gran voz, diciendo: La salvación pertenece a nuestro Dios que está sentado en el trono y al Cordero."

La alabanza ofrecida por los redimidos, por el cuidado de Dios de preservar tan grande número de judíos y gentiles durante este tiempo tan peligroso y salvarles de la infidelidad y la destrucción eterna.

La Iglesia judía oraba por los gentiles antes de su conversión. La Iglesia Cristiana tiene el sagrado deber de orar por los judíos, y no sólo orar, sino de predicarle el evangelio. "Comenzando por Jerusalén."

Verso 11-12: "Y todos los ángeles estaban en pie alrededor del trono, y los ancianos y de los cuatro seres vivientes; y se postraron sobre sus rostros delante del trono, y adoraron a Dios, diciendo: Amen. La bendición y la gloria y la acción de gracias, y la honra, y el poder, y la fortaleza, sean a nuestro Dios por los siglos de los siglos. Amen."

EL cántico de los ángeles alrededor del Trono

Aquí está el cántico de los ángeles. Su posición es alrededor del trono, listos a servir le a Dios y a los santos. Su postura es muy humilde y reverencia. Las más excelentes de las criaturas, que nunca han pecado, se postran ante el Señor.

¡Que humildad y profunda reverencia debemos tener nosotros, los hijos de Dios, cuando venimos a su presencia! Debemos caer postrados ante él en todas nuestras oraciones. Habrá perfecta armonía entre los ángeles y los redimidos. Ellos reconocen los atributos de Dios, su sabiduría, su poder y su fuerza.

Los mártires que estaban debajo del altar

Verso 13-14: "Entonces uno de los ancianos habló diciéndome: Estos que están vestidos de ropas blancas: ¿De dónde han venido? Yo le dije: Señor, tú lo sabes. Y él me dijo: Estos son los que han salido de la gran tribulación, y han lavado sus ropas en la sangre del Cordero."

Aunque algunos creen que esta multitud es la Iglesia de los redimidos, no es así. La Iglesia de los redimidos se conoce como los primogénitos.

Aquellos se fueron en el Rapto, conocido como la Cosecha. Estos son los que se convirtieron durante la Gran Tribulación.

"¿Quiénes son éstos y de dónde han venido? Es el noble ejército de mártires que pasaron por la gran tribulación, perseguidos por los hombres, tentados por Satanás, atribulados en espíritu. Ellos habían sufrido el despojo de sus bienes, el encarcelamiento y la pérdida de sus vidas.

El camino al cielo está lleno de tribulación. No importa lo grande que sea lo que venga, no nos separa del amor de Dios que es en Cristo. Los medios por los cuales fueron preparados para recibir este estado de honra y gloria que ahora disfrutan, han quedado olvidados. Ellos lavaron sus ropas en la sangre del Cordero. Están vestidos de la justificación de Cristo, no de la propia.

No es la sangre de los mártires, sino la del Cordero, la que lavó sus pecados y purificó sus almas delante del Padre. La sangre mancha, pero la de Cristo limpia. Ella es la que hace que la ropa de los santos sea blanca y brillante.

Verso 15-16: "Por esto están delante del trono de Dios, y le sirven día y noche en su templo; y el que está sentado sobre el trono extenderá su tabernáculo sobre ellos. Ya no tendrán hambre ni sed, y el sol no caerá más sobre ellos, ni calor alguno; porque el Cordero que está en medio del trono los pastoreará, y los guiará a fuentes de aguas de vida; y Dios enjugará toda lágrima de los ojos de ellos. "

¡Qué maravilloso emblema de los millones y millones de redimidos de todos los tiempos! Ellos han sido lavados con la sangre del Cordero. Están delante del Señor y le sirven día y noche. Ya no tienen hambre y sed de justicia porque el Señor los justificó.

El sol de la persecución ha sido restringido, porque el Señor está en medio de ellos pastoreándolos y alimentándolos. Ellos vencen con la sangre del Cordero y con la Palabra. Han renovado sus mentes, y los demonios se sujetan al Nombre de Jesús en sus labios.

Ellos habitan al abrigo del Altísimo y moran bajo la sombra del Omnipotente. Son un reino de sacerdote y reyes. Están continuamente sirviendo al Señor sin cansarse, y aunque mientras estén aquí estarán en el campo de batalla espiritual, en el cielo continuarán su servicio, adorando al Señor.

Ellos están contentos de su liberación. El Señor suple todas sus necesidades. El los pondrá en posesión de todo lo placentero y refrescante y el mismo Dios le seca sus lágrimas. El trata la Iglesia como el padre tierno consuela sus hijos que han estado llorando. *"Los que sembraron con lágrimas, con regocijo segarán."*

EL SÉPTIMO SELLO
Capítulo 8

1: "Cuando abrió el séptimo sello, se hizo silencio como por media hora."

En los versos siguientes tenemos el preludio de las siete trompetas. La apertura del séptimo sello es para introducir un nuevo grupo de eventos proféticos. Hay una cadena continua. Donde terminan unos eventos, comienzan los otros. Aunque difieren en naturaleza y tiempo, todos cumplen un sabio designio de Dios.

El profundo silencio en el cielo por media hora puede entenderse como un silencio de paz. Esto puede significar un receso en la tribulación, o puede significar un silencio de expectativa. Grandes cosas se están preparando y todo está en silencio, esperando lo que Dios va a hacer.

Verso 2: "Y vi a los siete ángeles que estaban en pie ante Dios; y se le dieron siete trompetas."

Las siete trompetas

Los ángeles son empleados como instrumentos de la sabiduría divina y se le suplen los medios y las instrucciones de Dios. Así como los ángeles de la Iglesias son trompetas de plata para llamar al evangelio, los ángeles del cielo deben sonar las trompetas del anuncio de los eventos celestiales.

Verso 3-4: "Otro ángel vino entonces y se paró ante el altar, con un incensario de oro; y se le dio mucho incienso para añadirlo a las oraciones de todos los santos, sobre el altar de que estaba delante del trono."

Para prepararse para esto, otro ángel es llamado a ofrecer el incienso. Este ángel es un tipo del Señor Jesús, el Sumo Sacerdote de la Iglesia. Él tiene en la mano un incensario de oro con mucho incienso. Esta es la plenitud de los méritos de Cristo que debe ofrecerse junto con nuestras oraciones.

Es tipo de los méritos de Cristo que debía ofrecerse a Dios junto con las oraciones de los santos sobre el altar de oro de su naturaleza divina. Los santos son personas de oración; ninguno de los hijos de Dios debe estar fuera de comunicación con el Padre. El Espíritu de Gracia es siempre espíritu de oración y de súplica, y nos enseña a clamar: Abba Padre.

Tiempos de peligro deben ser tiempos de oración, así como los tiempos de grandes expectativas. En lo que concierne a los intereses de la Iglesia del Señor, los corazones del pueblo de Dios deben ser ensanchados en la oración.

Las oraciones de los santos necesitan del incienso de la intercesión de Cristo para hacerlas efectivas y agradables al Padre. Cristo es Ministro del Santuario. El embellece nuestras rudas peticiones y las presenta al Padre. Él tiene el incensario, el incienso y el altar. El mismo está en favor de su pueblo.

Verso 5: "Y el ángel tomó el incensario, y lo llenó de fuego del altar, y lo arrojó a la tierra; y hubo truenos, y voces, y un terremoto."

Estas oraciones fueron aceptadas en el cielo y produjeron grandes cambios en la tierra en respuesta a ellas. El mismo ángel que ofreció las oraciones de los santos, tomó fuego del altar, en el mismo incensario y lo arrojó a la tierra, y esto produjo conmociones extrañas.

No debemos olvidar que cuando esto suceda, la Iglesia de los primogénitos estará en el cielo, representada por los ancianos. Ya ellos no oran, sino que adoran. En la tierra habrá un grupo de santos. Estos pueden ser los judíos, con los cuales Dios estará tratando en el tiempo de la "apretura de Jacob."

Las oraciones de los santos en la tierra serán

oídas en el cielo y en respuesta a ellas, Dios muestra su ira, y le muestra al mundo que él hará grandes cosas para vengar a su pueblo de sus enemigos.

Verso 6: "Y los siete ángeles que tenían las siete trompetas se dispusieron a tocarlas. El primer ángel tocó la trompeta y hubo granizo y fuego mezclados con sangre, que fueron lanzados sobre la tierra; y la tercera parte de los árboles se quemó, y se quemó toda la hierba verde."

Los siete ángeles, llamados Uriel, Rafael, Ragüel, Miguel Sarakiel, Gabriel y Fanuel son los que están continuamente ante el trono de Dios. Ellos son los encargados de sonar las siete trompetas. Ahora notamos la similitud de los efectos del sonido de las trompetas con los juicios de la plagas de Egipto bajo Moisés.

La apertura del séptimo sello, da paso al sonido de las siete trompetas. El primer ángel suena la primera trompeta y hay una tempestad terrible. Algunos dicen que en el pasado esto se cumplió con la inundación Gótica sobre el imperio Romano, en el año 395, el año en que murió Teodosio, cuando las naciones del norte bajo el reino de Alárico, rey de los Godos, invadió la parte oeste del imperio.

Primera trompeta: Fuego, granizo y sangre

El resultado de la primera trompeta es similar a la séptima plaga de Egipto. La única diferencia es que a esta se le añadió sangre, y no afectó a los animales de la tierra.

Esta es una tempestad terrible; fuego, granizo y sangre. Una extraña mezcla. Sin embargo tiene sus limitaciones. Cae solamente sobre la tercera parte de los árboles y la tercera parte de la hierba verde.

Esto puede significar sobre la tercera parte de los ministros de la súper Iglesia, y sobre la tercera parte de los feligreses. Sobre la tercera parte de los hombres grandes del gobierno del anticristo, y la tercera parte del pueblo común.

Verso 8-9: "El segundo ángel tocó la trompeta, y como una gran montaña ardiendo en fuego, fue precipitada en el mar; y la tercera parte del mar se convirtió en sangre. Y murió parte de los seres vivientes que estaban en el mar, y la tercera parte de las naves fue destruida."

Segunda trompeta: sangre en el mar

El mar mencionado aquí puede ser el Mediterráneo, ya que los eventos de los sellos, las trompetas y las copas serán deramadas sobre el Imperio Romano cercano a ese mar. Este juicio tiene relación a la primera plaga egipcia.

El Sr. Mede dice que la ciudad de Roma fue

saqueada cinco veces por los Vándalos y los Godos en 137 años. En la primera invasión por el rey Alárico, pereció la tercera parte de los hombres, en las ciudades marítimas y comerciales del imperio Romano.

Todo esto se cumplirá durante el reino del anticristo. En el presente vamos viendo como esta plaga se está perfilando a causa de la polución que ha contaminado los mares.

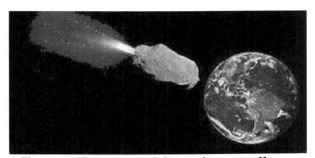

Tercera Trompeta: Meteorito, estrella que cae del cielo.

Verso 10-11: "El tercer ángel tocó la trompeta, y cayó del cielo una gran estrella, ardiendo como una antorcha, y cayó sobre la tercera parte de los ríos, y sobre las fuentes de las aguas. Y el nombre de la estrella era Ajenjo. Y la tercera parte de las aguas se convirtió en ajenjo; y muchos hombres murieron a causa de esas aguas porque se hicieron amargas."

Algunos opinan que esta es una estrella del mundo político y lo aplican, en el pasado a Augusto, quien fue forzado a renunciar el imperio a favor de Odoacro, en el año 480.

Otros lo toman como algún prominente ministro de la Iglesia apóstata, que es comparado a una antorcha encendida, y se lo aplican a Pelagio, quien probó ser una estrella caída, porque corrompió la Iglesia de Cristo con sus enseñanzas de que Cristo era un ser creado y no Dios. ¿Algún parecido a los Testigos de Jehová?

En este tiempo, hemos visto ministros, cuyo ministerio era como una antorcha encendida, caer de la Iglesia al mundo. Su mal testimonio ha envenenado a muchos que creían en ellos.

Observe que la estrella cayó en la tercera parte de los ríos y la tercera parte de las fuentes de las aguas. Tornó los arroyos en ajenjo y los amargó tanto que los hombres se envenenaban con ellos.

Plantas Nucleares: Radiación

Es interesante saber que le nombre "Chernobil" de la planta nuclear de Rusia, significa "Ajenjo." ¿Cuántas plantas nucleares existen hoy? No es difícil que a medida que estas plantas vayan envejeciendo, vayan contaminando las aguas.

Verso 12: "El cuarto ángel tocó la trompeta, y fue herida la tercera parte del sol, y la tercera parte de la luna, y la tercera parte de las estrellas, para que se oscureciese la tercera parte de ellos, y no hubiese luz en la tercera parte del día, asimismo de la noche."

Eclipse del sol, la luna y las estrellas

Este juicio se parece la novena plaga egipcia y será un juicio literal. Por otra parte, la luz, la Palabra, va a ser quitada en tiempos de la tribulación. Sin guía, sin ministros verdaderos, la Iglesia apóstata se hundirá cada vez más.

Los gobernadores de la Iglesia apóstata, que son puestos en sus órbitas más elevadas que la gente común, y deben dispensar luz y benignas influencias, serán oscurecidos, y se volverán ciegos, guías de ciegos.

En el presente los dirigentes de las Iglesias apóstatas no tienen la luz de la Palabra y son ciegos que están llevando a los ciegos al infierno.

Podemos entenderlo también así: Donde el evangelio llega a la gente y es recibido fríamente, y no surte los efectos que Dios desea en la vida, es seguido por los juicios. Dios les da el aviso a los hombres antes de enviarles los juicios. El suena la alarma de la Palabra a través de las trompetas, que son los ministros. La Palabra trabaja en la conciencia de los hombres mostrándole las señales de los tiempos. De modo que si los hombres son sorprendidos es por su propia culpa.

El enojo de Dios contra la gente, hace un horrible trabajo. Amarga sus placeres, y hace que sus vidas sean amargas y pesadas. Sin embargo, Dios no derrama su ira en este mundo, sino que pone barreras a los juicios más terribles, porque su misericordia es para siempre.

Verso 13: "Y miré, y oí un ángel volar por en medio del cielo, diciendo a gran voz: Ay, Ay, Ay, de los que moran en la tierra, a causa de los toques de trompeta que están por sonar los tres ángeles."

Ángel anunciando las tres últimas trompetas

Los tres ayes son los resultados de las últimastres trompetas. 1: La plaga de demonios langostas. 2: La plaga de los demonios montados en caballos. 3: Satanás arrojado a la tierra.

Pero antes de que suenen las otras trompetas, hay un solemne aviso dado al mundo acerca de lo terrible de las calamidades que seguirán a los juicios, y cuán miserables serán los tiempos y lugares donde caerán. El mensaje es dado por un ángel en medio del cielo, quien volando velozmente, proclama su horrible contenido. El mensaje proclama que peores calamidades que las sufridas hasta ahora, vendrán sobre la tierra.

Aquí hay tres ayes para mostrar que el sonido de las tres próximas trompetas que han de traer calamidades distintas y particulares. Si los juicios más suaves no surten efecto, y el mundo y la Iglesia empeoran por ellos, deben esperar juicios mayores. Dios se dará a conocer por los juicios que ejecuta, y él espera que cuando venga a castigar al mundo, los habitantes tiemblen ante su presencia.

Note que no será el anticristo quien traerá las calamidades mayores, sino Dios mismo.

LA QUINTA TROMPETA:
Capítulo 9

1: "El quinto ángel tocó la trompeta y vi una estrella que cayó del cielo a la tierra: y se le dio la llave del pozo del abismo."

El pozo del abismo

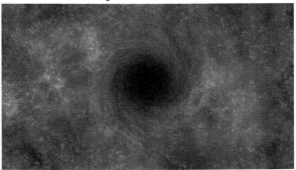

Con el sonido de la quinta trompeta observamos que una estrella cae del cielo a la tierra. Algunos piensan que esta estrella representa alguna figura prominente de la Iglesia apóstata. Este abrirá el pozo del abismo para que salga Apolión, uno de los ángeles que están atados en el abismo. Otros piensan que es el diablo arrojado en tierra.

Verso 2: "Y abrió el pozo del abismo, y subió humo del pozo como humo de un gran horno; y se oscureció el sol y el aire por el humo del pozo."

A esta estrella caída se le dieron las llaves del pozo del abismo. Si se trata de un ministro; habiendo dejado de ser ministro de Cristo, se convirtió en ministro del diablo. Cristo le quitó las llaves del evangelio y el diablo lo hizo llavero del abismo, para abrir las puertas del infierno y dejar en libertad los poderes del infierno contra la Iglesia de Cristo. ¡Cuánto daño puede hacer un ministro que cae de la gracia!

Primer Ay! Demonios en forma de langosta

ABADON EL REY DEL ABISMO

Al abrirse el pozo del abismo, subió tanto humo que el sol y el aire se oscurecieron. Los diablos son los poderes del aire; el infierno es el lugar de las tinieblas. El diablo cumple sus designios cegando los ojos de los hombres, extinguiendo la luz y el conocimiento, y promoviendo la ignorancia y el error. El engaña primero al hombre, y después lo destruye.

Verso 3-4: "Y del fuego salieron langostas sobre la tierra; y se les dio poder, como tienen poder los escorpiones de la tierra. Y les mandó que no dañasen a la hierba de la tierra, ni a cosa verde alguna, ni a ningún árbol, sino solamente a los hombres que no tuviesen el sello de Dios en sus frentes."

De este humo negro saldrán langostas, otra de las plagas de Egipto. Que no eran langostas naturales se muestra en lo siguiente: 1: No comen vegetales. 2: Tienen un rey, las langostas naturales no lo tienen: Proverbios. 30:27. 3: La descripción prueba que son diferentes.

4: No son asfixiadas por el humo, o quemadas por el fuego del abismo, como las ordinarias. 5: Ellas salen de las regiones infernales. 6: Son indestructibles y no son mortales, porque entonces los hombres no les temerían. Estos son legiones de una especie de demonios que literalmente saldrán del mismo infierno.

Algunos opinan que estos son emisarios del diablo, seguidos del anticristo, y toda la gentuza derrotada de las órdenes anticristianas, para promover la superstición, error, la idolatría y la crueldad. Ellos tienen permiso de Dios para herir y atormentar a los que no tienen el sello de Dios en sus frentes. Ellos no los destruirán militarmente a espada y fuego, sino con torturas espirituales. Los árboles y la hierba no recibirán daño y los torturados no morirán.

Otros dicen que no será una persecución, sino un veneno secreto y una infección del alma, la cual les roba primero la pureza y más tarde la paz.

La herejía es veneno del alma trabajando lenta y secretamente, pero su fin es muy amargo. No tienen poder para atormentar al pueblo de Dios que tiene el sello de Dios en su frente, los ciento cuarenta y cuatro mil. La gracia efectiva de Dios preservará a su pueblo de la apostasía final.

Verso 56: "Y les fue dado, no que los matasen, sino que los atormentasen cinco meses; y su tormento era como tormento de escorpión cuando hiere al hombre. Y en aquellos días los hombres buscarán la muerte, pero no la hallarán; y ansiarán morir, pero la muerte huirá de ellos."

Note el poder dado a estos factores del infierno.

Los hombres huirán de ellos y preferirán la muerte que tener contacto con ellos. El poder es limitado a un corto tiempo; cinco meses, el mismo tiempo que duró el diluvio; de Mayo a Septiembre, el tiempo de las langostas naturales.

Los tiempos de la gracia también son limitados. Así también los tiempos de las seducciones. Aunque el tiempo es corto, los que sienten la malignidad de este veneno en sus conciencias, desearán morir.

Verso 7: "El aspecto de las langostas era semejante a caballos preparados para la guerra; en las cabezas tenían como coronas de oro; sus caras eran como caras humanas."

Estas langostas son de apariencia monstruosa. Están equipados para su trabajo como caballos preparados para la batalla. Pretenden tener gran poder y parecen seguros de la victoria. Tienen coronas como de oro, pero su autoridad es falsificada. Despliegan sagacidad y sabiduría en sus rostros de hombres, aunque son espíritus de demonios.

Verso 8: "Tenían cabello como cabello de mujer; sus dientes eran como de leones."

Tienen todos los halagos de belleza aparente para engañar y seducir la mente de los hombres."

Pero note que salen después del Rapto de la Iglesia. El diablo está preparando la mente de nuestros niños para recibir estas criaturas infernales. ¿No se ha dado cuenta del aspecto de los juguetes de los niños?

Ya no es el tren eléctrico, ni la muñeca que se duerme y dice, Mamá. Ahora son símbolos de los demonios, como Eskeletor, Orko, y la Bruja. Estos demonios van a salir literalmente y caminarán por la tierra haciendo daño a la gente, porque ya no habrá quien los detenga.

Verso 9-10: "Tenían corazas como corazas de hierro; el ruido de sus alas era como el estruendo de muchos carros de caballos corriendo a la batalla; y tenían colas como de escorpiones, y también aguijones; y en sus colas tenían poder para dañar a los hombres durante cinco meses."

No dude usted que en los tiempos de la gran tribulación se hagan descubrimientos asombrosos de habitantes de las entrañas de la tierra. La Biblia los menciona; se cree que saldrán a hacerle daño a los seres humanos.

Algunos opinan que esto es símbolo de la súper religión mundial, de la que la Nueva Era es la semilla, que estará operando en el mundo. Su forma de culto será muy adornado, llamativo y ornamentado. Aunque aparentan ternura de mujer, tiene dientes de leones, y son criaturas muy crueles.

Tendrán la protección del gobierno del anticristo, representado por las corazas de hierro. Viajarán por todo el mundo, y cuando viajen, sus viajes tendrán mucha publicidad. Harán mucho ruido, como el estruendo de muchos carros de caballos.

Aunque al principio halagarán y suavizarán con su hermosa apariencia; tendrán un aguijón en sus colas; la copa de sus abominaciones contendrá aquello que será muy agradable al principio, pero al fin aguijoneará como un escorpión.

Verso 11: "Y tienen por rey sobre ellos al ángel del abismo, cuyo nombre en Hebreo es Abadón, y en griego Apolión."

El rey y comandante de este escuadrón infernal

es descrito como un ángel. Es uno de los ángeles que están atados en el abismo. El ángel del abismo es un ángel aun, pero es un ángel caído en el abismo sin fin, en las regiones infernales. Como príncipe y gobernante, tiene los poderes de tinieblas bajo sus órdenes.

Su verdadero nombre es Abadón, Apolión, Destructor. Ese es su trabajo y designio, al cual atiende con diligencia y tiene mucho éxito, y allí está su infernal deleite. Es acerca de este trabajo que envía sus emisarios y ejércitos para destruir las almas de los hombres.

Verso 12-14: "El primer ay, pasó; he aquí vienen aun dos Ay después de esto. El sexto ángel tocó la trompeta y oí una voz entre los cuernos de altar de oro que estaba delante de

Dios, diciendo al sexto ángel que tenía la trompeta; Desata a los cuatro ángeles que están atados junto al río Éufrates. Y fueron desatados los cuatro ángeles que estaban preparados para la hora, mes y año, a fin de matar a la tercera parte de los hombres."

Aquí tenemos otro Ay. Donde uno termina, otro comienza. El prefacio de la visión: Una voz que sale de entre los cuernos del altar. Cuando las naciones están maduras para castigo, esos instrumentos de la ira de Dios, que antes estuvieron restringidos, son dejados en libertad. Los instrumentos que Dios usa para castigar un pueblo pueden estar a gran distancia de ellos para que no sospechen el peligro.

Ángeles atados en el Río Éufrates

Estos cuatro mensajeros del juicio estaban atados en el río Éufrates. Ellos son los cuatro líderes de los doscientos millones de demonios montados a caballo que saldrán del abismo cuando termine la plaga de las langostas. Cada uno de los cuatro ángeles caídos estará a cargo de cincuenta mil demonios, los cuales saldrán a las cuatro direcciones a destruir la tercera parte de los hombres.

Ellos son tipo del ángel de la muerte que destruyó a los primogénitos de Egipto en la décima plaga. Se cree que noventa y ocho millones de personas morirán con esta plaga, si se limitan al territorio del imperio Romano Revivido, pero si se extiende a las veintiséis naciones que están controladas por Roma, el número puede pasar de trescientos millones. El Éufrates, parece indicar que se limitará a las naciones que rodean el río.

Aquí se desarrolló el poder turco en el pasado, el poder de Irak en el presente, y ahí estará la Babilonia comercial, el asiento de gobierno del anticristo, la cual ya está siendo construida.

Es bueno notar que los únicos ángeles malvados que registra la Escritura que están en la tierra, son estos cuatro y el del abismo. Los demás que pecaron con Satanás están en el Tártaro, esperando por el juicio del gran día. (2 Pedro 2; 4). Los demonios no son ángeles, sino espíritus inmundos, de los que gobernaba Satanás en la tierra original.

Observe el tiempo de las operaciones militares de estos cuatro ángeles. Están limitados a una hora, un día un mes y un año. Los caracteres proféticos de los tiempos no son para que nosotros los entendamos, pero el tiempo está determinado para una hora, cuando debe comenzar y cuando debe terminar; y hasta donde debe llegar; a la tercera parte de los habitantes de la tierra.

Note su formidable apariencia y equipaje. Algunos piensan que los caballos bien pueden ser aviones, feroces como leones y ansiosos de correr a la batalla.

Verso 16-19: "Y el número de los ejércitos de los jinetes era de doscientos millones. Yo oí su número. Así vi en visión los caballos y los jinetes, los cuales tenían corazas de fuego, de zafiro y de azufre. Y las cabezas de los caballos eran como cabezas de leones; de su boca salía fuego, humo y azufre. Por estas tres plagas fue muerta la tercera parte de los hombres; por el fuego, por el humo, y el azufre que salía de su boca. Pues el poder de los caballos estaba en su boca y en sus colas; porque sus colas, semejantes a serpientes, tenían cabezas, y con ellas dañaban."

DOSCIENTOS MILLONES DE DEMONIOS LANGOSTAS

200.000.000 de Jinetes

El apóstol vio al ejército reunido, y el número era de doscientos millones de a caballo, sin contar con la infantería. En general se nos dice que el imperio del ejército mahometano en el pasado era enorme. Así lo será en los tiempos de la tribulación.

La guerra de Irak demostró que no se necesita infantería para destruir una nación del todo. Con los aviones es suficiente. De la boca de los aviones salen balas, bombas y cohetes, y de las colas sale fuego y azufre. Esto parece significar las armas biológicas que están construyendo la mayoría de los países.

Los que montaban los caballos tenían un uniforme brillante y costoso, con todas las insignias del valor marcial, celo y resolución.

La historia cuenta que el ejército turco hizo grandes estragos en el imperio Romano, que se había vuelto anticristiano, y murió la tercera parte del pueblo. Esto es símbolo del ejército del anticristo en su invasión a Israel, como lo registra los capítulos 38 y 39 de Ezequiel.

El Sr. Mede opina que esto se cumplió en el pasado cuando los turcos invadieron Constantinopla con grandes revólveres, que se habían inventado en esa fecha, y los turcos fueron los primeros que los usaron. Con ellos hicieron grandes estragos en la ciudad. Los turcos fueron levantados para castigar la apostasía anticristiana y fueron los aguijones que hirieron y torturaron los cuerpos de los que habían asesinado tantas almas.

Primer pecado: Idolatría. Observe la dureza de la generación anticristiana bajo los terribles juicios. El resto de los hombres no murieron, ni se arrepintieron por los pecados por los cuales Dios los había castigado, que eran; Primero: Idolatría. Ellos aún adoraban las imágenes de oro, plata, madera y metal. Esas imágenes no ven, ni oyen, ni entienden.

¿Cómo podrá ayudarnos una imagen hecha por hombres, vaciada en moldes? El cap. 44 de Isaías dice que el hombre va al bosque y corta un árbol. De él usa para calentarse y para cocinar. De lo que sobra hace una imagen y se arrodilla delante de ella, y le dice: "Mi dios eres tú."

Algunos están tan ciegos que no se dan cuenta que eso es una abominación, porque el diablo es quien recibe la adoración. Dios no tendrá por inocentes a los idólatras, porque él les dio entendimiento para pensar y discernir y para ver al Dios invisible en las obras de sus manos, en la naturaleza, pero sobre todo en su Hijo Jesucristo.

El segundo pecado: Asesinato. Ellos asesinaron a los hijos de Dios. Segundo: Hechicerías: Ellos se han entregado al espiritismo, la santería, la astrología, la reencarnación, las ciencias ocultas, las artes, los ritos y los exorcismos y toda la mogolla que está introduciendo la Nueva Era. Todos los paganos creen en el misticismo, el ocultismo y la hechicería. Sus cultos son ofrecidos a los demonios, no sólo en el culto a Satanás, sino en la variedad de dioses y diosas que adoran.

Tercer pecado: Fornicación. Ellos consienten tanto en la impureza carnal como la espiritual. La fomentan y la practican entre ellos. Cuarto: Hurtos. Ellos han acumulado grandes fortunas por medios injustos, con el empobrecimiento de familias, ciudades, príncipes y naciones.

Estos son los crímenes flagrantes del anticristo y sus agentes, y aunque Dios ha revelado su ira desde el cielo contra ellos, están obstinados, endurecidos e impenitentes, y judicialmente deben ser destruidos.

De la sexta trompeta aprendemos: Primero: Dios puede hacer que un enemigo sea una plaga para otro. Segundo: El que es el Señor de los ejércitos tiene grandes ejércitos bajo su mando para servir sus propósitos.

Capítulo 10

Verso 1: "Vi descender del cielo otro ángel fuerte, envuelto en una nube, con el arco iris sobre su cabeza; y su rostro era como el sol, y sus pies como columnas de fuego."

El ángel con el librito

Aquí tenemos otra visión con la que es favorecido el apóstol, entre el sonido de la sexta y la séptima trompeta. Observemos la persona a quien le concierne comunicar este descubrimiento a Juan. Es un ángel poderoso del cielo, envuelto en una nube, que nos induce a pensar en Jesús.

Estaba envuelto en una nube; cubriendo su gloria, la cual es muy grande para ser vista por ojos mortales. El Señor echa un velo sobre sus dispensaciones. "Nubes y oscuridad alrededor de él", dice el Salmo 97:2.

Un arco iris sobre su cabeza. El siempre recuerda el Pacto, y cuando su conducta es más misteriosa, es perfectamente justa y fiel. Su rostro brillante como el sol, lleno de majestad. Sus pies como pilares de fuego; él es justo en todos sus caminos, tanto en la gracia como en su providencia, son puros y estables.

Verso 2-3: "Tenía en su mano un librito abierto; y puso su pie derecho sobre el mar, y el izquierdo sobre la tierra; y clamó a gran voz, como ruge un león; y cuando hubo clamado, siete truenos emitieron sus voces."

Un pie sobre el mar, y otro en la tierra, para mostrar su poder absoluto sobre el mundo. En su mano sostiene un librito; probablemente el que antes había estado sellado, pero ahora ha sido abierto y gradualmente cumplido por él. Su poderosa voz emitió siete truenos, siete solemnes y terribles medios de descubrir la mente de Dios.

Los siete truenos

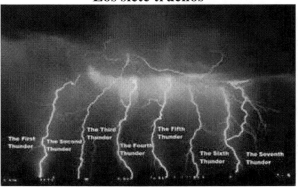

Verso 4-7: "Cuando los siete truenos hubieron emitido sus voces, yo iba a escribir; pero oí una voz del cielo que me decía: Sella las cosas que los siete truenos han dicho, y no los escribas. Y el ángel que vi en pie sobre el mar y sobre la tierra, levantó la mano al cielo, y juró por el que vive por los siglos de los siglos, que creó el cielo y las cosas que están en él, y la tierra y las cosas que están en ellas, y el mar y las cosas que están en él, que el tiempo no sería más, sino que en los días de la voz del séptimo ángel, cuando él comience a sonar la trompeta, el misterio de Dios se consumará, como él lo anunció a sus siervos, los profetas."

El juramento del poderoso ángel. Juró por el que vive por los siglos de los siglos, por él mismo, como Dios había hecho antes, cuando Abraham le ofreció a Isaac. Juró por Dios como Dios, Redentor, Señor y Regente del Universo.

La materia del juramento: El tiempo no será más. No habría más dilaciones en el cumplimiento de las predicciones del libro, hasta que el ángel sonara la próxima trompeta. Entonces todo se sometería a una ejecución rápida y se consumaría el misterio de Dios.

El misterio se consumará en los días en que se suene la séptima trompeta. Deben ser noticias de gran gozo, porque han sido proclamadas por los profetas desde el principio del mundo. El misterio de Dios es echar fuera a Satanás. Este es el único evento que se ha dejado para luego.

Cuando el ángel puso sus pies en la tierra y el mar, y clamó a gran voz, se oyeron siete truenos; siete voces como de trueno proclamando siete cosas que no se le permitió escribir al apóstol.

Verso 8-10: "La voz que oí del cielo habló otra vez conmigo y dijo; Ve y toma el librito que está abierto en la mano de ángel que está en pie sobre el mar y sobre la tierra. Y fui al ángel, diciéndole que me diese el librito. Y él me dijo: Toma y cómelo; y te amargará el vientre, pero en tu boca será dulce como la miel. Entonces tomé el librito de la mano del ángel y lo comí; y era dulce en mi boca, como la miel, pero cuando le hube comido, amargó mi vientre."

Orden Divina: "Cómete el rollo"

Aquí tenemos la orden estricta dada al apóstol de tomar el librito y comerlo. Esta orden no fue dada por el ángel, sino por la voz poderosa que hablaba desde el cielo, la misma que había ordenado que no se escribiese lo dicho por los siete truenos.

La orden implicaba que él debía digerir lo que contenía el librito antes de predicar, o escribir lo que había descubierto. Él debía estar totalmente afectado por las predicciones y preparado para hablar.

El librito le sabría a miel en su boca. A todos nos gustaría conocer los eventos futuros, y que se nos revelen sus significados. Pero cuando el libro de esta profecía fuera digerido en su totalidad, el contenido sería amargo. Estas eran cosas tan terribles, tantas desolaciones hecha en la tierra, que la previsión, el pre- conocimiento de ellas no sería agradable para el apóstol, como lo fue para Ezequiel la profecía dada a él.

El apóstol es licenciado del deber a que ha sido llamado. Es necesario que los siervos de Dios se coman el Libro antes de salir a llevar el mensaje.

El Señor les dijo a Jeremías y a Ezequiel que se comieran el rollo para entonces poder llevar el mensaje a los pueblos. Luego es necesario que el ministro sea afectado por el mensaje, debe digerirlo, aplicarlo a su vida y entonces darlo a la Iglesia. Lo que no es placentero, puede dar los mejores frutos.

Verso 11: "Y él me dijo: Es necesario que profetices otra vez sobre muchos pueblos, naciones, lenguas y reyes."

El ángel le hizo saber al apóstol que la visión que había tenido no había sido para gratificar su curiosidad, sino para darla a conocer al mundo. Aquí parece que su comisión profética iba a ser renovada, y se le ordenó prepararse para otra embajada.

Él debía conducir estas declaraciones de la mente de Dios, las cuales son de gran importancia para todo el mundo. Es por eso que debía escribir y dejar un registro de ellas para todas las naciones, pueblos, lenguas y reyes.

Capítulo 11

LOS DOS TESTIGOS

1-2: "Entonces me fue dada una caña semejante a una caña de medir, y se me dijo: Levántate, y mide el templo de Dios, y el altar, y a los que adoran en él. Pero el patio que está fuera del templo déjalo aparte, no lo midas, porque ha sido entregado a los gentiles; y ellos hollarán la ciudad santa cuarenta y dos meses."

Este pasaje profético de medir el templo es una clara referencia a lo que dice en Ezequiel cap. 40. Entender cualquiera de las dos no es fácil. Algunos piensan que la orden de medir el templo en Ezequiel era para reconstruirlo. Con esta interpretación, la orden de estas medidas parece para preservación del templo en tiempos de peligro y calamidad pública. O puede ser para juicio, porque en los tiempos en que Juan escribió, ya el templo de Jerusalén había sido destruido.

Otros piensan que puede referirse al templo que los judíos construirán en Jerusalén en los tiempos del anticristo y que será destruido al final de la gran tribulación, para que se den cuenta cuán lejos estará del modelo que Dios le dio a Moisés en el Monte Sinaí.

El Templo de Jerusalén en tiempos del

anticristo

El templo, el altar, los adoradores y los atrios serán medidos, demostrando que todo en este templo judío pasará bajo de la vara del juicio y la desolación con el propósito de quebrantar el espíritu de Israel. El patio de los gentiles no será medido porque ya estaba en posesión de los gentiles y mancillado por ellos. Este patio es dejado porque habrá más adoración del anticristo y su imagen en el templo. No solamente el templo será entregado a los gentiles para que lo mancillen, sino la ciudad entera estará en posesión de ellos por tres años y medio.

Si lo aplicamos al presente, puede referirse a la Iglesia, el templo del Señor; para su reforma, para que los superfluo, deficiente o cambiado pueda regularse de acuerdo al verdadero modelo, que es Cristo.

Lo que debe ser medido; la Iglesia en general. El altar, el lugar más solemne del culto, debe dedicarse a la adoración general. Ninguno de los miembros del cuerpo de Cristo debe dejar de adorar.

No adorar a Dios en el servicio, es rebelión. El Señor es digno de adoración. Esto es lo único que la Iglesia le da al Señor. Ministremos al Señor con la adoración sublime, con la Palabra en cántico. Los que no adoran, no están en el altar y no son medidos.

El patio que no debe ser medido es el que está fuera del templo. Herodes le añadió el patio de los gentiles al templo. Este no era parte del templo de Salomón o Zorobabel. Dios no lo señalaría para preservación, ya que no lo reconoce.

Algunos afirman que la Palabra no especifica que el templo que los judíos construirán en el tiempo del anticristo será destruido; pero que el patio de los gentiles será destruido porque fue construido para que los gentiles trajeran ofrendas paganas en tiempos de Herodes, y Cristo lo abandonó para que lo usaran como ellos quisieran. Tanto el templo de Herodes, como el patio de los gentiles y la ciudad, fueron destruidos y hollados por los gentiles hasta el año 1948.

El templo de los judíos será hollado por el anticristo por tres años y medio, 1260 días, o cuarenta y dos meses. El templo, que es la Iglesia, fue hollada por los gentiles desde el año 610 por el papado y prevaleció el Baalismo hasta el 1870, cuando la Iglesia comenzó a disfrutar de la libertad que hoy disfruta. Por 1260 años estuvo cautiva.

Algunos dicen que los 1200 años fueron los que pasaron desde el tiempo de Constantino hasta el período de la Reforma. En este tiempo los que adoran en el patio de afuera pueden ser los que adoran en forma falsa, o con corazones hipócritas. Estos son rechazados por Dios y serán contados entre sus enemigos. Dios tendrá un templo y un altar hasta el fin de los tiempos, y sólo los que adoran dentro del velo, serán aceptados.

La santa ciudad, la Iglesia visible es pisoteada en el mundo, pero sus desolaciones tienen sus límites, y son por un corto tiempo, y luego será libertada de sus problemas. Los que adoran dentro del velo, se irán con Cristo, y entonces Jerusalén, la santa ciudad, será hollada por el anticristo durante el tiempo de la Tribulación.

Verso 3: "Y daré a mis dos testigos que profeticen por mil doscientos sesenta días, vestidos de cilicio."

En el pasado, cuando la Iglesia fue perseguida y hollada, Dios preservó testigos fieles que no dejaron de testificar de la Palabra y las excelencias de los caminos de Dios. El número de los testigos era pequeño, pero era suficiente. Algunos dieron sus vidas por la Palabra de Dios. Sin embargo, muchos que eran testigos de Cristo le abandonaron en tiempos de persecución. Un sólo testigo fiel en tiempos de persecución, vale más que miles en tiempos de calma.

Durante el tiempo de la Tribulación habrá dos testigos. Algunos piensan que son Enoc y Elías, los que fueron trasladados al Paraíso para no ver

muerte. Estos son tipo de los dos olivos, Josué y Zorobabel, (Esdras 2).

Los dos Testigos: ¿Enoc y Elías, o Moisés y Elías?

Otros dicen que será Moisés y Elías, representando la Ley y los Profetas. No creo que sea Moisés porque no puede morir dos veces. Aun otros dicen que será la Palabra y el Espíritu testificando en tiempos de la Tribulación, como lo fue durante la persecución de la Edad Media.

El tiempo de su profecía o testimonio es de mil doscientos sesenta días: cuarenta y dos meses, tres años y medio. Este será el período cumbre del anticristo.

Los testigos profetizarán vestido de cilicio, de saco, como los que están afectados con el bajo y angustiado estado de los judíos y los que sufren persecución por causa del evangelio en el tiempo del anticristo.

Verso 4-6: "Estos testigos son los dos olivos, y los candeleros que están en pie delante del Dios de la tierra. Si alguno quiere dañarlos, sale fuego de la boca de ellos, y devora a sus enemigos; y si alguno quiere hacerles daño, debe morir él de la misma manera. Estos tienen poder para cerrar el cielo, a fin de que no llueva en los días de sus profecía, y tienen poder sobre las aguas para convertirlas en sangre, y para herir la tierra con toda plaga cuantas veces quieran."

Como es Dios quien sostiene a los testigos, y le suple durante su gran trabajo, están delante del Señor de toda la tierra, lo mismo que Josué y Zorobabel.

Dios le dio el aceite del valor, de fortaleza y de consuelo. Los hizo árboles de olivo. Las lámparas de su profesión se mantienen ardiendo por el aceite interior, los cuales reciben de Dios. Ellos no sólo tenían aceite en sus lámparas, sino también en sus vasijas.

Bajando fuego del cielo.

The Two Witnesses from the Book of Revelation, who preach in Jerusalem. And if any try to harm them, fire proceeds from their mouths and devours their enemies.   Find out more about the End days. www.youtube.com/user/armageddonnews

Elías hacía bajar fuego del cielo. Por las oraciones y peticiones de estos dos testigos, y el valor de sus sufrimientos, herirán el corazón y la conciencia de los perseguidores, quienes se irán auto condenados y como Pasur; el sumo sacerdote a quien Jeremías le profetizó, (Jer.4:14-20).

En respuesta a las oraciones de ellos, Dios enviará plagas y juicios sobre el reino del anticristo, como lo hizo con el Faraón, tornando los ríos en sangre, y restringiendo la lluvia del cielo, como lo hizo a través de Moisés y Elías.

Dios ha ordenado sus flechas para los perseguidores y muchas veces les envía plagas mientras están persiguiendo a su pueblo. Ellos se darán cuenta que es muy duro dar coces contra el aguijón.

Verso 7: "Cuando hayan acabado su testimonio, la bestia que sube del abismo hará guerra contra ellos, y los vencerá, y los matará."

Para que el testimonio sea más efectivo cuando su predicación termine, su testimonio será sellado con sangre. Mientras dure su predicación no podrán ser tocados. Entonces la bestia que sube del abismo, el anticristo, que ahora está en abismo, el hijo de perdición, que fue uno de los discípulos de Jesús, el hijo del diablo, (Juan 17:2, 2 Tesalonicenses. 2:3, Juan 6:70), les hará la guerra, no sólo con las armas del conocimiento sofisticado y sutil, sino con abierta violencia y Dios permitirá que prevalezcan por un tiempo contra sus testigos.

Clearence Larkin afirma que el mismo poder que operará en el rapto, hará que bajen los testigos del cielo, y hará subir del abismo al anticristo y al falso profeta, que están en el abismo.

Verso 8: "Y sus cadáveres estarán en la plaza de la grande ciudad, que en sentido espiritual se llama, Sodoma y Egipto, donde también nuestro Señor fue crucificado."

El anticristo asesinará a los dos testigos y hará uso bárbaro de sus cadáveres. Su malicia no se saciará con la sangre de los testigos, sino que perdurará en sus cuerpos muertos. No les permitirá un quieto sepulcro, sino que serán echados en la avenida principal de la ciudad, llamada espiritualmente Sodoma por su monstruosa maldad, y Egipto por su tiranía y su idolatría. En aquella ciudad, Jerusalén, Cristo sufrió. Si es Roma, allí es que Cristo, ha sufrido más en su cuerpo místico que en ninguna ciudad del mundo.

Verso 9: "Y los pueblos, tribus, lenguas y naciones verán sus cadáveres por tres días y medio, y no permitirán que sean sepultados. Y los moradores de la tierra se regocijarán sobre ellos y se alegrarán, y se enviarán regalos unos a otros; porque estos dos profetas habían atormentado a los moradores de la tierra."

Los cuerpos muertos de los testigos serán insultados por los habitantes de la tierra, y su muerte será motivo de grande gozo al mundo anticristiano. Ellos estarán felices por haberse librado de los que con su testimonio, habrán atormentado sus conciencias. Esas armas espirituales habrán herido el corazón de los malvados y los llenarán de ira y de malicia contra ellos.

Verso 11-12: "Pero después de tres días y medio entró en ellos el espíritu de vida enviado por Dios, y se levantaron sobre sus pies, y cayó gran temor sobre los que los vieron. Y subieron al cielo en una nube; y sus enemigos los vieron."

Después de que los testigos estuvieron tres días y medio, muertos, resucitaron. Este fue un corto tiempo comparado con el de su predicación. Los testigos de Dios pueden ser asesinados, pero se levantarán, aunque no personalmente hasta el rapto, sino en sus sucesores. Dios resucitará sus obras aunque parezca muertas al mundo.

Los dos testigos resucitados suben al cielo

Dios no sólo les dio vida a los testigos, sino que les dio valor. Él puede darle vida a los huesos secos. Es el Espíritu de vida de Dios lo que resucita las almas muertas. La resurrección de los testigos, herirá de terror a sus enemigos.

El resurgimiento del trabajo y del testimonio de

Dios, llenará de terror a los enemigos del evangelio. Donde hay culpa hay temor, y el espíritu perseguidor, aunque es cruel no es valiente. Herodes le tenía miedo a Juan el Bautista.

Los testigos fueron llamados a subir al cielo y subieron en una nube ante los ojos aterrados de lo que los habían perseguido. Ellos les vieron recibir grande honra. Los testigos no intentaron ascender al cielo, sino cuando fueron llamados a hacerlo. Así la Iglesia perseguida ascendió al cielo en el rapto a un lugar de preferencia y de honor.

Verso 13: "En aquella hora hubo un gran terremoto, y la décima parte de la ciudad se derrumbó, y por el terremoto murieron en número de siete mil hombres, y los demás se aterrorizaron y dieron gloria al Dios del cielo."

En aquella hora se producirá un gran terremoto y morirá siete mil personas y una décima parte de la ciudad será destruida. Los siete mil hombres que perecerán en el terremoto, serán el contraste de los siete mil que Dios se reservó en tiempos de Elías.

Habrá una gran convulsión en el reino del anticristo. Esto se cumplió en el pasado, al principio de la Reforma, cuando muchos príncipes y estados salieron del yugo de Roma. Este gran trabajo se enfrentó a una grande oposición; todo el hemisferio oeste, recibió una gran convulsión, y el interés anticristiano recibió un golpe grande y perdió mucho terreno. La espada de la guerra se desatará durante este tiempo y muchos de los que pelearán bajo la bandera del anticristo, serán muertos por ella.

En el principio de la Reforma, muchos fueron convencidos de sus errores, supersticiones, e idolatrías, por la espada del Espíritu, y por el verdadero arrepentimiento, abrazaron la verdad del evangelio, y le dieron gloria a Dios, pues donde el trabajo de Dios revive, el trabajo del diablo cae ante él.

Verso 14-15: "El segundo ay pasó: he aquí, el tercer ay viene pronto. El séptimo ángel tocó la trompeta, y hubo grandes voces en el cielo que decían; los reinos del mundo han venido a ser de nuestro Señor y de su Cristo; y él reinará por los siglos de los siglos."

LA SEPTIMA TROMPETA

Cuando el ángel sonó la séptima trompeta, se oyeron grandes aclamaciones de los ángeles y los santos en el cielo.

Verso 16: "Y los veinticuatro ancianos que estaban sentados delante de Dios en sus tronos, se postraron sobre sus rostros, y adoraron a Dios."

Los ancianos, la Iglesia triunfante adoró a Dios postrados sobre sus rostros con humildad y reverencia. Esta será forma de adoración en el cielo; ¿Por qué no comenzar a practicar desde ahora?

Estamos sentados en los lugares celestiales con Cristo, y aunque no vemos al que se sienta en el trono con nuestros ojos físicos, no por eso es menos real. Mirémosle con los ojos de la fe porque "Por fe andamos, no por vista." Estamos ante el trono, aunque en esta dimensión material y él en la espiritual. Más ambas son paralelas. Este es el secreto de la oración y de la fe.

El cielo está a un abrir y cerrar de ojos. Cuando abandonamos el cuerpo físico, entramos a la dimensión del espíritu, y entonces conocemos como fuimos conocidos. Nosotros tenemos un velo de carne que no nos permite ver el mundo espiritual. Ahora los ojos están entre los rizos, como dice Cantares 4:1, pero pronto se cortarán las guedejas y veremos cara a cara al Señor.

Verso 17-18: "Diciendo: Te damos gracias, Señor Dios Todopoderoso, el que eres, y que eras, y que has de venir, porque has tomado tu gran poder y has reinado. Y se airaron las naciones, y tu ira ha venido, y el tiempo de juzgar a los muertos y de dar el galardón a tus siervos los profetas, a los santos, y a los que temen tu nombre, a los pequeños y a los grandes, y de destruir a los que destruyen la tierra."

La Iglesia triunfante reconoce con acción de gracias, el derecho de nuestro Salvador de reinar sobre el mundo. Ellos siempre habían sido suyos por creación y por compra. Ellos se regocijan porque este reino del Quinto Imperio, no tendrá fin. (Vea Daniel Cap. 2).

"Se airaron las naciones." Esto demuestra que la muerte espiritual, reinando en el corazón de los perdidos les impulsa a revelarse contra Dios más y más, aunque vean las señales y las maravillas.

Su mente es enemistad con Dios. A pesar de las demostraciones de la realidad de Dios, se endurece más. El asunto de cambiar el corazón no es obra del hombre, sino de la gracia de Dios.

El período de la Gran Tribulación es el tiempo en que Dios estará tomando justa venganza contra los enemigos de su pueblo. ¿No destruyó Dios Alemania por el holocausto de los judíos durante la segunda guerra mundial? El instrumento que usó fueron los países aliados.

¿Cómo sería la tribulación de Hitler y sus colegas? Aun hoy sufren las consecuencias de sus acciones. Han vivido su vida acosados por el terror de ser descubiertos y al fin han tenido que responder por sus actos, porque nadie escapa del ojo y de la mano de Dios.

Este será el tiempo en que Dios estará recompensando a sus siervos fieles por sus servicios y sufrimientos por la causa del evangelio.

Verso 19: "Y el templo de Dios fue abierto en el, y el arca de su pacto se veía en el templo, Y y grande granizo." hubo relámpagos, voces y truenos, un terremoto

EL ARCA DEL PACTO

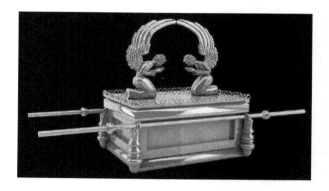

Otra consecuencia fue la apertura del templo en el cielo. La Iglesia recibe honra y gloria. El arca de su pacto, que es Cristo mismo, estará en medio de ella.

En los tiempos en que reinaban reyes malvados en Israel y Judá, el templo permanecía cerrado. El sólo era abierto cuando reinaban reyes temerosos de Dios. Durante la Edad Media, el templo, la Iglesia estaba encerrada en credos, dogmas y doctrinas de hombres. La Palabra fue encerrada en el idioma latín, que el pueblo común no entendía y la filosofía oriental ocupó su lugar.

Fue de la filosofía oriental que surgieron los rosarios, las novenas, el purgatorio, los monasterios y las imágenes. La Iglesia de Cristo fue perseguida, mutilada, martirizada, pero cuando surgió la Reforma, surgió la imprenta y la Palabra fue dada al pueblo. Esto es, se abrió el templo y se vio el Arca y se dio al pueblo la ley que contenía.

En los tiempos de Josías se encontró el libro de la ley de Dios que había estado perdida por siglos. En tiempos de la Reforma se volvió a encontrar el libro de la ley y fue abierta a los ojos de todos.

Este es un privilegio incalculable, pues la presencia divina regresó al pueblo. Note lo que se oyó; "relámpagos, voces, truenos, un terremoto y grande granizo."

La gran bendición de la Reforma fue asistida de grandes providencias, la revelación de la justificación por gracia. Dios contestó las peticiones presentadas en el santo templo que es la Iglesia, y ahora el templo está abierto, y hay comunicación entre el cielo y la tierra. Los bueno que sucede en la tierra es la respuesta a las oraciones de los santos.

Capítulo 12

LA MUJER Y EL DRAGON

Verso 1: "Apareció en el cielo una gran señal; una mujer con la luna debajo de sus pies, y sobre su cabeza una corona de doce estrellas."

Algunos piensan que esta es una representación de la Iglesia del Antiguo Testamento. Ella es representada como una mujer, el brazo más débil, pero es la madre de los santos. El apóstol ve que esta mujer tiene la luna debajo de sus pies.

Esto se refiere al reino sublunar. Este es un bello símbolo de la Iglesia que está en el mundo, pero que vive por encima del mundo, y tiene autoridad sobre los poderes de los aires, en el territorio sublunar, en el Nombre de Jesús.

La confianza del verdadero creyente no está en las cosas del sublunar, sino en el cielo donde está su Cabeza, su Rey. Ella tiene una corona de doce estrellas. Esto es símbolo de del evangelio predicado por los doce apóstoles del Cordero, lo cual es corona de gloria a los creyentes.

Otros aseguran que esta mujer es también tipo de la nación Israelita, con sus doce patriarcas, la madre de los santos, los judíos, y de la Iglesia Cristiana. Israel es el único cuerpo de gente que la Escritura llama "mujer casada."

Verso 2: "Y estando encinta clamaba con dolores de parto, en la angustia del alumbramiento."

Como la mujer es un símbolo no puede tener

dolores literales, esto puede referirse al dolor de los Israelitas durante la gran tribulación.

Los dolores de Israel han sido numerosos toda su historia, los cuales dieron comienzo con Israel en Egipto, y en los periodos de los jueces y los reyes. Estos dolores han continuado a través de los siglos, pero tendrán su culminación durante la gran tribulación.

Esto es también símbolo de la Iglesia que ora y enseña la Palabra. Ella siempre está con dolores de parto, porque siempre está dando a luz. El dolor de parto es el deseo de que lo que ha comenzado en la convicción de los pecadores, termine en su conversión; porque cuando los hijos nazcan, tengan fuerza suficiente para continuar adelante. Y porque los que han nacido crezcan robustos y comiencen a dar fruto.

Verso 3: "También apareció otra señal en el cielo; he aquí un dragón escarlata, que tenía siete cabezas y diez cuernos, y en sus cabezas siete diademas."

El enemigo de la Iglesia y de Israel, es representado por un dragón rojo. Un dragón por su fuerza y fiereza, por su terror y crueldad. Algunos opinan que estas cabezas del dragón son los siete montes sobre los que se sienta la Roma pagana, adoradora de dioses y diosas; en el pasado Romanos y Griegos y luego de santos y santas.

EL DRAGÓN ESCARLATA: ROJO

El dragón aparece con diez cuernos; o dividida en diez provincias, como lo estaba el imperio Romano en tiempos de Cesar Augusto. Otros opinan que el reino del anticristo será auspiciado por diez naciones, que serán las que formarán parte del Mercado Común Europeo, con sede en Bruselas, y conocido como "El Imperio Romano Revivido."

A aquellos que le gusta el simbolismo, les aconsejo mirar al Japón en el mapa, y se dará cuenta que parece un dragón. Ese dragón fue dejado dormido en la segunda guerra mundial, pero está despertando y comercialmente está arropando al mundo. Roma parece una bota. Casi todo mundo está bajo la bota religiosa de Roma. La bandera China tiene un dragón pintado, símbolo del el Río Yantze. Esta nación está tomando fuerza.

Las siete cabezas también parecen ser un símbolo de las siete religiones mundiales, que están activas en la actualidad, siendo la peor la Nueva Era porque ha tomado algo del romanismo, mahometismo, budismo, shinto, las miles religiones de India, ocultismo, humanismo o ateísmo. Estas siete religiones son las madres de muchas ramas religiosas.

Verso 4: "Y su cola arrastraba la tercera parte de las estrellas del cielo, y las arrojó sobre la tierra. Y el dragón se paró frente a la mujer que estaba por dar a luz, a fin de devorar su hijo tan pronto como naciese."

Falsos ministros y líderes religisos, sentados en la cola del dragón

En Su caída Satanás arrastró una tercera parte de los ángeles. Algunos dicen que el dragón arrastra la tercera parte de las estrellas del cielo. Estrellas en el Apocalipsis son ministros, el cielo es la Iglesia. El dragón ha estado arrastrando en su cola a la tercera parte de los ministros y los ha arrojado al mundo, haciéndolos inútiles. Cada ministro debe examinar su vida para darse cuenta si está sentado en la cola del dragón.

Hay una gran cantidad de ministros que son miembros activos de las sociedades secretas como la Masonería y la Nueva Era; y no solamente ministros regulares, sino también directores de concilios. Ya estos están sentados en la cola del dragón y le están sirviendo.

Ellos no se han dado cuenta que en Cristo, el único misterio o secreto que hay es el evangelio que no pueden comprender los que no han nacido de nuevo. Las nuevas criaturas reconocen que el evangelio es Luz y en el no hay ningunas tinieblas, o secretos.

Verso 5: "Y ella dio a luz un hijo varón, que regirá con vara de hierro a todas las naciones; y su hijo fue arrebatado para Dios y para su trono."

Algunos creen que el hijo varón es Cristo, quien nació de la Iglesia judía, y quien se sentó en el trono después de resucitado. Pero si esto sucede a la mitad de la semana setenta de Daniel, y aceptamos que la mujer es la nación de Israel, entonces tenemos que reconocer que este hijo varón es el grupo de los ciento cuarenta y cuatro mil israelitas, siendo llevados en el rapto conocido como "el Rebusco."

Otros afirman que en el pasado se trató de Constantino. A pesar que siempre se ha dicho que la Iglesia es una novia, la Biblia no lo registra. Ella dice que la Iglesia verdadera es varón; que el cuerpo de Cristo.

Muchos han interpretado Efesios 5:23-32 como que la Iglesia es la esposa de Cristo, sin embargo allí no dice que la Iglesia sea la esposa, sino que la unión entre Cristo y el creyente es comparado a una matrimonio por la intimidad que existe entre ambos, porque el verso 30 dice que el cuerpo de Cristo es parte de la carne y de los huesos de Cristo.

Ahora podemos vislumbrar que la Iglesia no es la novia de Cristo, sino parte del cuerpo del Cordero. Una novia se puede dejar, pero parte de nuestro cuerpo no podemos dejar. ¿Se da cuenta ahora por qué Efesios 2:6 dice que estamos sentados con Cristo en los lugares celestiales? Donde está él, está su cuerpo. Esta revelación conduce a la victoria. ¿No ve las posibilidades amplias que este conocimiento abre ante nuestros ojos?

Sentados en el trono con nuestra Cabeza, podemos echar fuera demonios, enfermedades, circunstancias adversas, porque somos más que vencedores. Somos la justicia de Dios en Cristo. La enfermedad no puede tocar al cuerpo de Cristo.

Efesios 2: 14-15, hablando de los gentiles, dice que mediante el Sacrificio de Jesús los gentiles y los judíos que se convierten a Cristo, son unidos por la sangre de Cristo, "para crear en sí mismo de los dos un sólo y nuevo HOMBRE."

Israel, el Cuerpo de Moisés; se conoce como la "Esposa de Jehová." Cuando Jesús habló de que sus discípulos tenían el novio con ellos, todavía todos estaban bajo la economía del Antiguo Pacto. Cristo no había establecido el Nuevo Pacto en su sangre. Todos sabemos que los Israelitas eran el cuerpo de Moisés por el cual Satanás peleaba.

Jesús era conocido como Jehová en el Antiguo Testamento. Él era quien hizo el Pacto con Abraham, el que se apareció a Josué, a Gedeón y a Manoa. El que habló con Noé, Moisés y los profetas. ¿Cómo lo sabemos? Jesús dijo en Juan

1:18 que al Padre nadie le vio jamás; que uno de los propósitos de su venida fue para introducir al Padre.

En Ezequiel 16 nos habla del matrimonio de Jehová con Israel y de como ella le fue infiel. En Jeremías 3:6 Jehová le dio carta de divorcio. En Oseas 2:19-20 está la profecía de que se volverá a casar con Israel.

Cuando el cuerpo de Cristo se vaya en el Rapto, se cumplirá la profecía de Cantares 6:13, hablando de la Iglesia: "¿Qué veréis en la Sulamita? Algo como la reunión de dos campamentos."

Verso 6: "La mujer huyó al desierto, donde tiene lugar preparado por Dios, para que allí la sustenten por mil doscientos sesenta días."

Algunos creen que no toda la Iglesia se irá en el Rapto, y que los creyentes débiles, como la vírgenes fatuas se quedarán en la tierra y que serán llevados a un lugar preparado por Dios, que puede ser un desierto para escapar del azote del anticristo, y que como nadie puede vender ni comprar si no tiene el sello de la bestia, el Señor la sustentará con maná por tres años y medio.

Durante la Edad Media, la Iglesia estaba en la oscuridad y dispersión. Esto resultó en su preservación y seguridad. Dios la cuidó en aquellos tiempos tan peligrosos en forma milagrosa para que continuarán preservando el evangelio, mientras sesenta y ocho millones de ellos, junto a los judíos, sufrieron el martirio víctimas de la gran Inquisición.

Jennings Dake dice que la mujer que es llevada al desierto es la mayor parte de la nación de Israel que escapará a otras naciones durante los últimos años del reino del anticristo.

Verso 11-12: "Pero después de tres días y medio entró en ellos el espíritu de vida enviado por Dios, y se levantaron sobre sus pies, y cayó gran temor sobre los que los vieron. Y subieron al cielo en una nube; y sus enemigos los vieron."

Después de que los testigos estuvieron tres días y medio, muertos, resucitaron. Este fue un corto tiempo comparado con el de su predicación. Los testigos de Dios pueden ser asesinados, pero se levantarán, aunque no personalmente hasta el rapto, sino en sus sucesores. Dios resucitará sus obras aunque parezca muertas al mundo.

El diablo arrojado a la tierra
Arcángel Miguel y el dragón

Verso 7-9: "Después hubo una batalla en el cielo: Miguel y sus ángeles luchaban contra el dragón y sus ángeles; pero no prevalecieron, ni se halló lugar para ellos en el cielo. Y fue

lanzado fuera el gran dragón, la serpiente antigua, que se llama diablo y Satanás, el cual engaña al mundo entero; fue arrojado a la tierra, y sus ángeles fueron arrojados con él."

Los cielos están poblados de multitud de seres espirituales de diferentes clases, como serafines, querubines, seres vivientes, caballos de fuego y carrozas con sus choferes, ángeles, arcángeles, principados, poderes, regentes de tinieblas, espíritus malignos, demonios, espíritus inmundos, tronos, y dominios. Los ángeles que cayeron con Satanás están encerrados en prisiones de oscuridad.

Los intentos del dragón, no sólo resultaron infructuosos, sino fatales a sus intereses, pues en su intento por devorar al hijo varón, Jesús, se envolvió con los poderes del cielo. Si el hijo varón es la Iglesia, los ángeles ministradores, los ángeles guerreros defienden al hijo varón, sean los ciento cuarenta y cuatro mil, o la Iglesia cuya Cabeza es Cristo mismo. Esta guerra, dicen algunos, se efectuó cuando Cristo subió al cielo. Otros dicen que sucedió cuando Cristo derrotó al diablo en el infierno antes de resucitar.

El diablo aún no ha sido arrojado a la tierra. El opera desde las regiones sublunares. El visita la tierra en ocasiones. El será arrojado a la tierra después del Rapto, porque el Espíritu Santo está en su Ministerio en la tierra y él lo detiene, pero cuando la Iglesia se vaya, terminará el Ministerio especial del Espíritu Santo y entonces Satanás personalmente se paseará por la tierra, dándole poder a su hijo, el anticristo y al falso profeta.

Los ángeles, que están cautivos serán sueltos para atormentar los hombres durante la Gran Tribulación. O serán los demonios, los espíritus inmundos capitaneados por Satanás los que estarán sin restricción en el mundo.

Los combatientes en esta guerra a la mitad de la semana, serán Miguel, el arcángel que dirige los ejércitos celestiales, contra Lucifer, el arcángel que dirige las huestes de ángeles que cayeron con él cuando pecó y fue destronado. No puede ser Cristo porque éste derrotó al diablo antes de resucitar de entre los muertos.

Verso 10: "Entonces oí una gran voz en el cielo que decía: Ahora ha venido la salvación, el poder, y el reino de nuestro Dios, y la autoridad de su Cristo; porque ha sido lanzado fuera el acusador de nuestros hermanos, el que los acusaba día y noche."

La victoria fue de Miguel y su ejército. El diablo y sus demonios, no sólo fueron vencidos, sino echados fuera. En tiempos de Constantino, la idolatría pagana, que era la adoración a los demonios, fue extirpada del imperio.

Cuando se efectúe el Rapto, se entonará el himno de victoria. Dios es el poderoso y Cristo es el poderoso y fuerte Salvador. Su propio brazo le ha salvado y establece su reino sobre el mundo.

El enemigo se describe por su malicia; es el acusador de los hermanos. Antes de ser vencido entraba a la presencia de Dios, como lo registra en Job 1. También acusaba a Josué el sumo sacerdote, pero desde que Cristo lo derrotó, ya no tiene entrada al tercer cielo. Ya Satanás no puede acusar la Iglesia ante el Padre, primero porque no tiene entrada, y segundo porque Dios es quien la justifica. Su campo de operación es el sublunar.

Aunque el diablo ya no puede acusar a los hermanos en el cielo, en la tierra engaña al mundo entero y acusa a los hermanos.

Verso 11: "Y ellos le han vencido por medio de la sangre del Cordero y de la palabra del testimonio de ellos, y menospreciaron sus vidas hasta la muerte."

El acusador ha sido echado fuera. Los creyentes le han vencido por medio de su fe en el Sacrificio de Cristo, su Substituto. El diablo ha sido echado de la Corte con justa indignación.

Los creyentes le vencen por la Palabra como arma de guerra; por su resuelta y poderosa fe en lo que dice Dios; por la predicación del evangelio eterno, el cual es poderoso para destruir las fortalezas, y por el valor que han demostrado en medio de los sufrimientos.

Los mártires de la tribulación no amarán sus vidas físicas. Cuando el amor por sus vidas esté en competencia con su lealtad a Cristo, ellos pondrán sus vidas por la causa de Cristo.

El amor a sus vidas será vencido por un amor más fuerte de otra naturaleza, este valor ayudará a confundir a sus enemigos, a convencer a los espectadores y a confirmar la fe a los fieles.

Verso 12: "Por lo cual alegraos, cielos, y los

que moráis en ellos. ¡Ay de los moradores de la tierra y del mar! porque el diablo ha descendido a vosotros con grande ira, sabiendo que le queda poco tiempo."

Los que moran en la tierra y en el mar, serán víctimas de la ferocidad del diablo durante la gran Tribulación. En este tiempo los moradores de la tierra son los que aún no han recibido el evangelio, a los que el diablo trata de destruir pronto antes que llegue el evangelio.

Los moradores del mar, para nosotros son un enigma. No pueden ser demonios porque el diablo no se rebelará contra ellos también. La ciencia no ha logrado descubrir moradores debajo de los mares, pero si la Biblia dice que los hay, no podemos dudarlo.

La ciencia ha ido descubriendo muy lentamente lo que Dios ha declarado sencillamente. Ella descubrió que la tierra era redonda en el 1,492, pero Dios lo había declarado 600 años antes de Cristo. (Isa. 40:22) Lo mismo es cierto con las súper carreteras, (Nahúm 2:4), y la bomba de neutrones, Zacarías. 14:12).

Que sean seres humanos, no lo creemos. El hombre ha sido el único creado a imagen de

Dios. No creemos que sean peces ni sirenas porque los peces no comparecerán a juicio, y las sirenas son fantasías de la doctrina del Dios filisteo Dagón.

El dios pez de los filisteos, (1 Samuel 5)

El territorio del diablo es el aire que nos circunda. Ya fue arrojado del cielo y no puede volver allá. Él no ha podido hacer todo el daño que desea porque la Iglesia está aquí, y ella es la sal que preserva este planeta de destrucción. Después del Rapto, Satanás estará libre para hacer lo que desee en la persona del anticristo. Entonces vendrán los "Ay" de dolor para los moradores de la tierra y los del mar.

Verso 13: "Y cuando vio el dragón que había

sido arrojado a la tierra, persiguió a la mujer que había dado a luz al hijo varón. Y se le dieron las dos alas de la gran águila, para que volase de delante de la serpiente al desierto, a su lugar, donde es sustentada por un tiempo, y tiempos y la mitad de un tiempo."

Algunos opinan que la Iglesia pasará por la tribulación, pero como la profecía final no se ha cumplido, no podemos saber a ciencia cierta lo que pasará realmente. Una cosa sí sabemos; que el Señor viene por su Iglesia. ¿Quiénes se van en el Rapto? Eso no lo sabemos.

Otros opinan que la mujer que huye al desierto son un gran número de Israelitas que huirán a algunas naciones, especialmente a Estados Unidos, la nación cuyo símbolo presente es el águila.

Verso 15-17: "Y la serpiente arrojó de su boca tras la mujer agua como un río. Pero la tierra abrió su boca y tragó el río que el dragón había echado de su boca. Entonces el dragón se llenó de ira contra la mujer; y se fue a hacer guerra contra el resto de la descendencia de ella, los que guardan los mandamientos de Dios y tienen el testimonio de Jesucristo."

Como la interpretación de la profecía es para el presente y para el futuro de cuando Juan recibió la revelación, nosotros tratamos de interpretarla en dos tiempos. Observe el cuidado de Dios por la Iglesia. Jesús dijo que las puertas del infierno no prevalecerían contra su Iglesia. Durante casi dos mil años, él la ha llevado en alas de águila y ella ha sobrevivido siglos de persecución.

El la preservó durante los 12-60 años durante la Edad Media. La serpiente antigua que primero acechaba en el Paraíso, persigue la Iglesia hasta el desierto y arroja tras ella la persecución más terrible.

Esto se cumplió el pasado cuando Arrio, Nestorio y Pelagio inundaron la Iglesia con sus herejías. La Iglesia, en esos tiempos estuvo en peligro de sucumbir. La Iglesia está más en peligro por las herejías que por la persecución.

Las herejías son productos del diablo, tanto como lo es la violencia física. Hoy día entre nosotros están las mismas doctrinas de estos hombres tratando de confundir y hasta destruir la Iglesia verdadera si pudiera.

Note la ayuda de Dios en estos tiempos

peligrosos. Las huestes que invadieron el imperio Romano, entretuvieron a los gobernante Arrios; que de otra forma hubieran sido tan furiosos perseguidores como lo habían sido los paganos.

Dios abrió una brecha en la guerra y el diluvio fue tragado, y la Iglesia disfrutó de algún reposo. A veces el Señor envía la espada a vengar las guerras de su pacto, y cuando los hombres escogen nuevos dioses, hay peligro de guerra en sus puertas.

En el futuro, el enemigo levantará persecución contra el remanente de los judíos que quedará en Israel, pero el Señor ejercitará su poder para librarlo. El diablo, habiendo sido derrotado en su empeño contra la Iglesia, la madre del hijo varón, tornará su ira contra personas y lugares particulares. Su malicia lo empujará a perseguir los familiares de los santos.

Algunos piensan que aquí se refiere a los Albigenses, quienes primero fueron echados fuera por Dioclesiano a las montañas estériles, y luego asesinados cruelmente por el poder del papado, por varias generaciones, y por ninguna otra razón, sino porque guardaban los mandamientos y el testimonio de Jesucristo.

Ellos fueron los que guardaron pura la Palabra de Dios y la entregaron al rey de Inglaterra, y hoy gracias a sus esfuerzos tenemos la maravillosa versión King James, la más pura de las versiones.

Capítulo 13

LAS DOS BESTIAS

Verso 1: "Me paré sobre la arena del mar, y vi subir del mar una bestia que tenía siete cabezas y diez cuernos; y en sus cuernos diez diademas; y sobre sus cabezas un nombre blasfemo."

Aquí tenemos el levantamiento, figura y progreso de la primera bestia. Observe en qué situación el apóstol ve al monstruo. Le vio parado sobre la arena del mar. La bestia salía del mar. Aunque por su descripción más bien parece ser un monstruo de la tierra. Sin embargo, mientras más monstruoso parece ser, es mejor símbolo del misterio de la iniquidad y de la tiranía.

La bestia sale del mar. Puede ser de una de las doce puertas del infierno, o de las naciones, que se reconocen como mar en este libro. Después del Rapto de la Iglesia, el mundo quedará asustado.

EL FALSO PROFETA Y EL ANTICRISTO

. Ellos pensarán que los que han desaparecido han sido víctimas de una invasión interplanetaria. Entonces los platillos voladores se harán una realidad para el mundo. En su pánico, se reunirán para formar un gobierno mundial, con una sola moneda, para formar el gran ejército que combatirá contra los extra terrestres.

El mundo, que tal vez estará al fin disfrutando de paz mundial, será tomado por sorpresa. Entonces el anticristo se dará a conocer por su gran sabiduría para resolver los enigmas en que se ha sumido el mundo entero, será muy bienvenido por todas las naciones, especialmente las que nunca conocieron, ni oyeron hablar de lo que dice la Biblia. Los que oyeron hablar del anticristo, se darán cuenta que está en sus medios, y creerán por fin lo que decían los cristianos. Entonces estarán dispuestos a dar su vida.

Las diez cabezas son los diez reinos amigos de la bestia. Clearence Larkin asegura que sale del abismo; que es el hijo de perdición, que fue discípulo de Cristo en su ministerio terrenal. Él dice que el mismo poder que resucita, transforma a los santos en el Rapto, traerá a Enoc y a Elías del cielo, y subirá al anticristo y al falso profeta del abismo.

Él dice que Judas saldrá del abismo resucitado. ¿Qué más aterrador que el falso Mesías sea este personaje que saldrá fresco del abismo, sin misericordia e indestructible?

Finnis Jennings dice que el anticristo surgirá de Siria, como Antioco Epífanes, porque en Daniel 8:8-9 dice que el cuerno pequeño salió de los cuatro cuernos, los cuatro generales de Alejandro el Grande que se dividieron a Egipto e Israel, Mesopotamia y Siria, Macedonia y Grecia, Tracia y el Asia Menor. El será el mismo rey del norte que invadirá a Israel. Isaías 10:20-27 llama "Asiria" al anticristo. (Estudie Miqueas 5:3-15).

Durante los últimos tres años y medio el anticristo reinará en Jerusalén, "en el monte glorioso", (Dan. 11:45). Cuando el anticristo se proclame cabeza de los diez reinos, a la mitad de la semana, que establecerá su trono en su recién formado imperio.

Verso 2: "Y la bestia era semejante a un leopardo, y sus pies como de oso, y su boca como boca de león. Y el dragón le dio su poder y su trono, y grande autoridad."

La mayor parte del cuerpo de la bestia es leopardo, pero tiene pies de oso y boca de león. Tiene parecido con cada una de las bestias que vio el profeta Daniel, y que representaban las tres monarquías de Babilonia, (león), Persia, (oso) y Grecia, (leopardo).

El poder que el dragón le dio, completa la cuarta monarquía, el Imperio Romano. Este monstruo simboliza la fiereza, la fuerza y la sutileza del anticristo. Si estudiamos detenidamente los símbolos de las naciones, nos daremos cuenta cuales son las naciones que le darán el poder a la bestia.

LA BESTIA, EL ANTICRISTO

Por ejemplo: Hasta el 1920 la bandera China era un dragón. El símbolo de esa nación es aún un dragón. Japón parece un dragón. La mayoría de ellos aun adoran al dragón, aunque su símbolo es el sol. El oso es símbolo de Rusia. El leopardo es símbolo de algunos países musulmanes. El símbolo de Irán es el león.

Las siete cabezas, pueden ser las siete religiones del mundo; o los siete reyes, y los diez cuernos, las naciones que respaldarán al anticristo. El nombre de blasfemia sobre sus cabezas proclama la directa enemistad y oposición al Dios Verdadero.

Verso 3: "Vi una de sus cabezas como herida de muerte, pero su herida mortal fue sanada y se maravilló toda la tierra en pos de la bestia."

Por la cabeza herida, en el pasado entendemos la abolición de la idolatría en tiempos de Constantino. La herida sanada; la introducción de la idolatría Católica Romana. Los dioses paganos simplemente cambiaron de nombre. Venus, Afrodita, Cibeles, Isis, Ishtar, Astoret, Semiramis, etc., se adora como María. Zeus, Júpiter, Horus, Nimrod, Ra, se adora como Moisés y Dios.

Apolos se adora como Jesús, Janos como Pedro y así un sin fin de dioses y diosas paganos cambiaron de nombre. El mismo paganismo en sustancia, pero respondió admirablemente a los planes del diablo.

En el presente, la cabeza herida parece ser el Comunismo Ateo. Este permanece no tan dormido como aparenta. En tiempos del anticristo, el Comunismo revivirá con todo su malvado poder.

Verso 4: "Y adoraron al dragón que había dado autoridad a la bestia, diciendo: ¿Quién como la bestia, y quién podrá luchar contra ella?"

Note el honor y la honra dada a este monstruo infernal. Todo el mundo se maravilló de la bestia. Todos admiraron su poder, su ideal y su éxito. Adoraron al dragón que le dio el poder a la bestia. Le darán honra al diablo y se someterán a sus instrumentos, y no habrá poder para vencerlos; tanta será su ignorancia, tan densas sus tinieblas.

La degeneración y las tinieblas estarán en el trono cuando falte la Palabra. La Palabra es la antorcha que ilumina la mente y el corazón. El poder intelectual y militar de la bestia será tan grande que ninguna nación se atreverá hacerle frente. Esto es cierto también del Vaticano. El domina los gobiernos de 35 países, y los presidentes de las demás le dan honra al Papa, como político tal vez, pero honra de todas maneras.

Verso 5: "También se le dio boca que hablaba blasfemias; y se le dio autoridad para actuar cuarenta y dos meses."

El anticristo tendrá una elocuencia sin igual. El hablará mentiras y blasfemias contra el Dios del cielo. El ganará una forma de imperio mundial. Su tiempo, sin embargo es limitado a tres años y medio.

Teófilo Gay, en su Diccionario de Controversia, dice: "Aquel cuerno, que hablaría palabras contra el Altísimo, quebrantaría y pensaría mudar los tiempos y la ley, y los oprimiría por 1260 años. Estas características convienen admirablemente al papado. Él se levantó como rival de Dios y se hace adorar. Es quien pretende dictar leyes, como Dios; y nadie se atribuyó jamás pretensiones de esta naturaleza no siendo Papa." Pero esto se cumplió en el pasado y se cumple en el presente, pero no en el futuro.

Verso 6: "Y abrió su boca en blasfemias contra Dios, para blasfemar de su nombre, de su tabernáculo, y de los que moran en el cielo."

La maldad del anticristo será principalmente

contra el Dios del cielo. El anticristo del pasado hizo lo mismo. El permitió que se adorasen las imágenes de los dioses paganos, pretendiendo hacer imagen del Dios invisible. El movimiento de la Nueva Era, adora diosas; y dice que Dios se llama "Sofía" y que es mujer.

Teófilo Gay dice que el papado se reveló contra el Tabernáculo de Dios que es Cristo. Su doctrina de la transubstanciación asegura que el pan y el vino se tornan en el cuerpo y la sangre real de Cristo por unas palabras mágicas.

Él se reveló contra los santos glorificados al ponerlos en el lugar de los demonios, rezándoles a ellos como si fueran mediadores, oficio que sólo pertenece a Cristo, como dice 1 Tim. 2:2 "Porque hay un sólo Dios y un sólo Mediador entre Dios y los hombres, Jesucristo Hombre." Pero todo esto es un pálido tipo de lo que el anticristo será en realidad.

Así el diablo muestra su malicia contra lo que no puede tocar, porque está muy por encima de su poder. Todo lo que puede hacer es blasfemar, pero los santos que están en la tierra, están expuestos a su crueldad, y algunas veces Dios le permite zarandearlos un poco, especialmente cuando se descuidan de sus obligaciones.

Verso 7: "Y se le permitió hacer guerra contra los santos y vencerlos. También se le dio autoridad sobre toda tribu, pueblo, lengua y nación."

Algunos opinan que Cristo tiene un remanente escogido, redimido por su sangre, registrados en el libro de la vida, y sellados con su Espíritu, y aunque el anticristo los venciera en su fuerza física y en su valor, nunca podrá vencer su alma, ni hacer que nieguen a su Salvador.

Estos son los redimidos que están vestidos con vestiduras blancas en el capítulo siete. Esta será la Apretura de Jacob, porque los santos de la Iglesia triunfante estarán en el cielo, y los de la Iglesia militantes estarán en lugar seguro.

Verso 8: "Y la adoraron todos los moradores de la tierra cuyos nombres no estaban escritos en el libro de la vida del Cordero que fue inmolado desde el principio del mundo."

Aquí está el poder religioso del anticristo. ¿Quiénes lo adoraron? Todos los que no pertenecen a la Iglesia del Señor. Por el verso tres nos damos cuenta que para ese tiempo, la

Iglesia estará lejos de las garras del anticristo, porque dice que todos los moradores de la tierra se maravillaron en pos de la bestia. Nosotros sabemos que la Iglesia no se maravillara en pos de la bestia.

LA ADORACIÓN A LA BESTIA: EL ANTICRISTO

Finnis Jennings opina que el anticristo sólo reinará sobre lo que pertenecía al Imperio Romano, no a las Américas. Sin embargo, por medio de la súper religión, la Nueva Era; la que está uniendo todas las religiones en una porque tiene de todas ellas un poco, tendrá muchos seguidores en los continentes Americanos.

Verso 910: "Si alguno tiene oídos, oiga. Si alguno lleva en cautividad, va en cautividad; si alguno mata a espada, a espada debe ser muerto. Aquí está la paciencia de los santos."

Aquí se demanda atención a lo que es descubierto acerca del gran sufrimiento y problema del pueblo de Dios Jerusalén y en el mundo, y la seguridad de que cuando Dios cumpla su trabajo de purificación, entonces tornará su mano contra los enemigos de su pueblo.

Los que han matado a espada, caerán por la espada; los que han secuestrado, serán llevados cautivos. Aquí está lo que ejercitará la paciencia de los santos que esperan la liberación gloriosa de parte del verdadero Mesías.

Verso 11: "Después vi otra bestia que subía de la tierra; y tenía dos cuernos semejantes a un cordero, pero hablaba como dragón." Aquí tenemos al falso profeta. ¿Quién es? Nadie lo sabe.

Clearence Larking dice que es Nimrod, Baal, el fundador de la idolatría y el promotor de la astrología y el ocultismo, que ha subido del abismo, por una de las puertas del infierno que están en la tierra.

LA SEGUNDA BESTIA, EL FALSO PROFETA

Los que piensan que la primera bestia, la que tenía la herida mortal, es la Roma pagana, por esta segunda bestia entienden la Roma Católica, la que respaldará la Nueva Era, el New Age, uniendo todas las religiones mundiales en una sola; la cual promueve la idolatría y la tiranía en forma más sofisticada, como un cordero.

Los que creen que la primera bestia es el poder secular del papado, toman la segunda bestia como el poder eclesiástico, el cual actuaba bajo el disfraz de la religión y la caridad hacia las almas de los hombres.

La forma de la segunda bestia; tenía dos cuernos como un cordero, pero una boca que hablaba como dragón. Todos están de acuerdo que se trata de algún gran impostor, alguien que bajo el disfraz de la religión mundial, engañará a los hombres. El líder mostrará los cuernos de un cordero, pretenderá ser un religioso paciente y humilde, pero su predicación lo traicionará. El enseñará falsas doctrinas, y sus crueles decretos demostrarán que pertenece al dragón y no al Cordero.

El presente vemos algunos líderes religiosos que han ganado el premio nobel de la paz, como el Dalai Lama, cuya extrema humildad nos han impresionado. Sin embargo sus enseñanzas acerca de la reencarnación y su idolatría nos muestran que pertenece al dragón y no al

Cordero, porque ambas creencias son anti Bíblicas y de la Nueva Era.

El mundo se maravilla de la bondad de este hombre y lo adoran, pero la Iglesia de Cristo sabe que por el fruto se conoce el árbol, y jamás le rendirá pleitesía, ni a él ni a mil como él.

Teófilo Gay continúa: "La segunda bestia hará descender fuego del cielo: El Papa se distingue por sus excomuniones, con las cuales pretende fulminar, o entregar a Satanás. El seduciría a la gente con los prodigios que pretende realizar. El Romanismo es una gran fabricante de milagros mentirosos."

¿No ha notado la gran cantidad de imágenes que lloran sangre, y las vírgenes que están apareciendo en distintos lugares? Cuando se le pregunta al cura dice que no cree en eso, pero no lo rechaza porque le conviene que la gente continúe en la idolatría, porque cuando sucede esto, la única que se beneficia es su Iglesia y por ende el Vaticano.

"El hizo una imagen del Imperio Romano y le dio vida. El papado ha organizado un sistema de paganismo y lo hace funcionar. El Papado hacía matar a todos los que se le oponían, y hoy haría lo mismo si pudiera."

Lo cierto es que la segunda bestia será un falso profeta del anticristo, que tendrá el poder infernal de hacer milagros espectaculares por el poder del dragón.

Verso 14-15: "Y engaña a los moradores de la tierra con las señales que se le ha permitido hacer en presencia de la bestia, mandando a los moradores de la tierra que le hagan imagen a la bestia que tiene la herida de espada y vivió. Y se le permitió infundir aliento a la imagen de la bestia, para que la imagen hablase e hiciese matar a todo el que no la adorase."

En el pasado el papado se distinguía por las excomuniones, anatemas, censuras severas por las cuales pretendían cortar los hombres de Cristo y echarlos bajo el poder del diablo, pero que en realidad eran echados bajo el poder secular, y asesinados.

A pesar de su vil hipocresía, eran justamente acusados de matar lo que no podían corromper. Les quitaban su libertad política, no permitiendo que disfrutaran de sus derechos civiles, municipales ni naturales. Esto es cierto aun en los países dominados por el clero. Los que no adoraban la bestia papal, en la imagen de la bestia pagana, eran acusados de herejía, torturados, y asesinados sin misericordia especialmente durante el reino de la Gran Inquisición.

Verso 16-17: "Y hacía que todos, pequeños y grandes, ricos y pobres, libres y esclavos, se les pusiese una marca en la mano derecha o en la frente; y que ninguno pudiese comprar ni vender, sino el que tuviese la marca o el nombre de la bestia, o el número de su nombre. Aquí hay sabiduría. El que tiene entendimiento, cuente el número de la bestia, pues es número de hombre. Y su número es seiscientos sesenta y seis."

La segunda bestia, será el líder de la Iglesia apóstata en los días de anticristo. Algunos dicen que la imagen de la bestia es una gran computadora, en la cual estarán registrados los nombres de todos los moradores de la tierra. La ciencia actualmente está usando unos instrumentos especiales diminutos, que introducen debajo de la piel de los animales. Estos responden a una computadora. Así ellos saben dónde están los animales.

EL SELLO DE LA BESTIA

Algunos piensan que el dinero electrónico y las tarjetas de crédito, son el preámbulo de este sello diabólico. En tiempos del anticristo, no existirá el papel moneda. Todo el mundo tendrá un "micro chip" introducido en su mano o en su frente. Esta será para ellos la protección contra el robo y el engaño a que está expuesto el dinero plástico.

El anticristo introducirá esta forma de control y el mundo   entero lo aceptará, y se maravillará de que un sólo hombre haya logrado controlar la bancarrota mundial y el crimen en esta área. Este será el poder económico del anticristo.

Fines Jennings dice que el falso profeta construirá una imagen y que la pondrá en el templo que el anticristo le va a construir a los judíos en los primeros tres años de la gran tribulación, para que todos los pueblos la adoren, especialmente los judíos. Los que no quieran adorarla por las buenas, la adorarán por las malas, o serán ejecutados.

Es posible que la marca, el número y el nombre de la bestia sean una misma cosa. Será hacer pública declaración de sometimiento y obediencia al anticristo. Puede que la marca sea el emblema del anticristo. Los que reciban la señal se obligarán a sí mismos a usar todo su interés y poder para promover la autoridad del falso mesías. Aunque algunos creen que la marca es un número literal, nadie sabe en realidad lo que será.

Se nos dice que el papa Martín Quinto, en su bula; añadió en el Concilio de Constanza; prohibiciones a los católico romanos de permitir que los herejes, los creyentes, vinieran a sus ciudades a hacer sus transacciones comerciales, o que sirvieran en oficios públicos, lo cual fue una clara interpretación de la profecía en el pasado.

El número de la bestia, es dado en forma que muestra la infinita sabiduría de Dios, y que ejercitará suficientemente toda la sabiduría humana.

La Biblia dice que será el número es el 666, número de hombre, computado a la manera acostumbrada de los hombres. Sea que este fuera el número de los errores que hubo en el papado, o el número de la subida y caída del mismo, o el número que determinará al falso mesías, no es seguro.

En griego, los números son letras del alfabeto; cada una de ellas equivale a una cifra determinada. Ireneo, obispo de Lión, discípulo de Policarpo, y del mismo Juan, nos dejó escrito que aquel número debe significar la palabra, "Lateinos" porque los caracteres griegos de este número colocados juntos, representan el valor de 666.

La palabra "Romiit", que significa "romano" forma también la cifra 666. Es notable el hecho que fue precisamente en el año 666 que la

Iglesia Romana fue proclamada Iglesia Latina, por el decreto del papa Vitalino. El instituyó que el latín fuera la lengua oficial de la Iglesia.

Lo más terrible de esto es que el número ya aparece en los anales del gobierno de E.U.A., en los autos de transporte en Jerusalén, y en la monstruosa computadora de Bruselas y es con el 666 que se identifican los satanistas.

Es un "Microchip" que reemplazará la moneda y las tarjetas de crédito. Lo que no es seguro es en qué tiempo se cumplirá este mensaje profético.

Esta es una de las estaciones que Dios ha reservado en su poder. Sólo sabemos que Dios ha escrito "Mene Tekel" sobre sus enemigos; ha enumerado sus dioses, y serán exterminados, pero su reino permanece para siempre.

....

CAPÍTULO 14

Verso 1: "Después de esto miré, y he aquí el Cordero estaba en pie sobre el monte se Sion, y con él ciento cuarenta y cuatro mil, que tenían el nombre de él y de su Padre escrito en la frente."

EL CANTICO DE LOS 144 MIL

Aquí tenemos una de las visiones más placenteras que se pueden ver en el mundo. El Señor Jesús como Cabeza de los ciento cuarenta y cuatro mil fieles en el cielo, como un Cordero sobre el monte Sion.

Este gran número de fieles terminaron el trabajo asignado y están ante el Señor. Ni uno sólo se perdió en medio de la Tribulación. Ahora aparecen recibiendo honores. El Nombre de Cristo está en sus frentes; esta es su abierta profesión de fe en Cristo y el Padre. Todos son Israelitas.

Un cordero de mentira apareció en el capítulo anterior, el cual era realmente un dragón. Cristo aparece como el Cordero pascual para mostrar que su gobierno como Mediador es el fruto de su Sacrificio, y es la causa de la seguridad sobre la cual su pueblo reposa.

Verso 2-5: "Y oí una voz del cielo como el estruendo de muchas aguas, y como sonido de un gran trueno; y la voz que oí era como de arpistas que tocaban sus arpas. Y cantaban el cántico nuevo delante del trono y delante de los cuatro seres vivientes, y de los ancianos, y nadie podía aprender el cántico, sino aquellos ciento cuarenta y cuatro mil que fueron redimidos de entre los de la tierra.

Estos fueron los que no se contaminaron con mujeres, pues son vírgenes. Estos son los que siguen al Cordero donde quiera que va. Estos fueron redimidos de entre los hombres como primicias para Dios y para el Cordero; y en sus bocas no fue hallada mentira, pues son sin mancha delante del trono de Dios."

El cántico nuevo era adecuado al Nuevo Pacto y la nueva dispensación, y era un secreto. Los demás tal vez podían repetirlo pero no conocían el verdadero significado espiritual del cántico. Sólo los 144 mil podían aprenderlo.

Aquellos 144 mil eran descritos por su pureza y castidad. Ellos no se contaminaron, ni con el adulterio espiritual o corporal. Se mantuvieron limpios en la era de las abominaciones anticristianas. Ellos siguen al Cordero donde quiera que va; siguieron la conducta establecida en la Palabra, Espíritu y providencia, dejando que él les guiara a los deberes y dificultades que a él le placiera. Ellos son los redimidos de entre los hombres; los primeros frutos a Dios y al Cordero, pero no forman parte de los ancianos, que es la Iglesia triunfante que se fue en el Rapto.

Estos fueron los redimidos y sellados de las doce tribus de Israel que llevaron el evangelio durante la primera mitad de la gran Tribulación. Estos han sido distinguidos de los demás hombres, escogidos, eminentes en toda gracia, ganadores de muchos y seguidores de Cristo. Ellos se irán a la mitad de la semana en el rapto conocido como el Rebusco.

En ellos no habrá engaño, pues serán íntegros, y nadie podrá hacerles daño por causa del sello que tienen es sus frentes. Cristo había perdonado sus humanas debilidades y pudieron servirle al Señor.

Verso 6-7: "Vi volar por en medio del cielo otro ángel, que tenía el evangelio eterno para predicarlo a los moradores de la tierra, a toda nación, tribu, lengua y pueblo, diciendo a gran voz: Temed a Dios y dadle gloria, porque la hora de su juicio ha llegado; ya adorad a aquel que hizo, los cielos, y la tierra y el mar, y las fuentes de las aguas."

En esta parte del capítulo tenemos a tres ángeles mensajeros del cielo para dar la noticia de la caída de Babilonia. El primer ángel fue enviado a predicar el evangelio eterno. El evangelio es eterno en su naturaleza y así lo será en las conciencias. Aunque toda carne sea como hierba, la Palabra de Dios permanece para siempre. Su mensaje es trino. 1: Temed a Dios. 2: Dadle gloria. 3: Adorad a Aquel que hizo los cielos, la tierra, el mar y las fuentes de las aguas."

Este mensaje tendrá un significado peculiar ya que será proclamado inmediatamente después del levantamiento de las dos bestias, los que engañarán a los hombres por medio del poder sobrenatural con que el diablo los investirá.

ÁNGEL PREDICANDO EL EVANGELIO ETERNO

Si comparamos la Biblia con el Corán, el libro Mormón, el Bagabad Gita, los Upanishads y los demás libros sagrados de las naciones, nos damos cuenta de la superioridad de la Biblia. No hay punto de comparación entre ellos, porque los demás son producto de la mente de los hombres, pero la Biblia fue inspirada por Dios.

Es trabajo adecuado de un ángel predicar el evangelio en este tiempo; tal es la dignidad de este trabajo, pero se les ha encargado a los hombres, en la segunda mitad de la tribulación a ángeles. Pero por ahora tenemos el tesoro de la Palabra en vasos de barro.

El evangelio eterno es de gran importancia al mundo. Debe ser llevado a toda nación, raza, y lengua. El evangelio es el gran remedio para la moribunda raza humana. Sólo por el evangelio el hombre puede entrar en comunión con Dios. Cristo dijo que nadie puede venir al Padre si no es por él.

Y si Jesús no es digno de crédito, ¿Por qué el mundo entero le da honra al poner la fecha del día, recordando la fecha de nacimiento de un hombre humilde que no salió de Palestina, ni estudió en las universidades prominentes, sino que era hijo de un carpintero? ¿Por qué el odio que le tiene el mundo a la mención de Su Nombre?

La religión natural no es suficiente para mantener el temor a Dios, ni para asegurar su gloria de parte de los hombres. Es el evangelio el que hace revivir el temor a Dios y recobrar la honra debida a él en el mundo.

Cuando la idolatría se introduce en la Iglesia, la predicación del evangelio, ungida por el Espíritu Santo, hace que los hombres se tornen de los ídolos para servir al Dios vivo, como el Creador del cielo y la tierra y el mar. El adorar otro dios o diosa que no sea al Creador, es idolatría, y el juicio sobre la persona que lo hace, no se tardará en venir.

Verso 8: "Otro ángel le siguió diciendo: Ha caído, ha caído Babilonia, porque ha hecho beber a todas las naciones del vino del furor de su fornicación."

El segundo ángel proclama la caída de tanto de la Babilonia mística como de la literal. La predicación del evangelio eterno ha sacudido los cimientos del mundo anticristiano y apresura la caída de Babilonia, conocida como Sodoma y Egipto, por su maldad, y su crueldad, pero ahora se llama Babilonia por su orgullo e idolatría.

La grandeza de la Babilonia mística no podrá detener su caída sino que la hará más desastrosa y sorprendente. La maldad de Babilonia de corromper, engañar e intoxicar a las naciones, hará justa su caída, y declarará la justicia de Dios en su ruina total. Sus crímenes y sus idolatrías serán la causa de su destrucción.

Verso 9-11: "*Y el tercer ángel los siguió diciendo a gran voz; si alguno adora la bestia y su imagen, y recibe la marca en su frente o en su mano, él también beberá el vino de la ira de Dios, que ha sido vaciado puro en el cáliz de su ira y será atormentado con fuego y azufre delante de los santos ángeles y del Cordero; y el humo de su tormento sube por los siglos de los siglos. Y no tienen reposo de día ni de noche los que adoran a la bestia y a su imagen, ni nadie que reciba la marca de su nombre.*"

Un tercer ángel dará el aviso de la venganza divina a todos los que obstinadamente se adhieran al interés del anticristo, después que Dios haya proclamado su caída. Si después de esto, persisten en su idolatría, profesando sujeción a la bestia y promoviendo su causa, deben esperar beber el vino de la ira de Dios, y serán miserables para siempre en alma y cuerpo.

Jesucristo infligirá estos castigos sobre ellos como Juez, y los ángeles lo aprobarán. La idolatría es un pecado mortal, porque el segundo mandamiento lo prohíbe, y será fatal a los que persistan en ello, después que Dios les haya amonestado. Esos que rehúsan salir de la Babilonia mística cuando son llamados por el evangelio de la gracia, y resuelven participar de sus pecados, deben participar de sus plagas.

Verso 12: "Aquí está la paciencia de los santos, los que guardan los mandamientos de Dios y la fe de Jesús."

La ruina de los idólatras incorregibles hará resaltar la paciencia y la obediencia de los santos. Estas gracias serán recompensadas con salvación y gloria. Cuando la traición y la rebeldía de los demás sea castigada con la destrucción eterna, entonces se dirá, para la honra de los fieles: Aquí está la paciencia de los santos. Ellos habrán ejercitado su paciencia y ahora ven la recompensa.

Verso 13: " Oí una voz que desde el cielo me decía: Escribe: Bienaventurados de aquí en adelante los muertos que mueren en el Señor. Sí, dice el Espíritu, descansarán de sus trabajos, porque sus obras siguen."

Aquí tenemos la visión de la cosecha, del Armagedón. ¿De dónde viene esta profecía?

Vino del cielo. ¿Cómo debía ser publicada y preservada? Por escrito. Debía ser materia de registro para que la gente de Dios pudiera tener recursos para el consuelo en todas las ocasiones y en todos los tiempos.

Aquí se describe serán bendecidos los que mueran en el Señor durante la gran Tribulación, ya sea por la causa de Cristo, o en unión vital con él. La demostración de la bendición; descansan de sus trabajos. Son bendecidos en su descanso, descansan de todo pecado, tentación, pena y persecución.

Sus obras siguen, no que van en pos de ellos como un título, sino como evidencia de haber vivido y muerto en el Señor, y la memoria de ellos será placentera y la recompensa gloriosa y muy por encima de los méritos de sus méritos y sacrificios. Ellos morirán felices cuando hayan vivido para ver la causa del Señor cumpliéndose y reviviendo, y la ira de Dios cayendo sobre sus crueles enemigos.

Verso 14-16: "Miré, y he aquí una nube blanca; y sobre la nube uno sentado semejante al Hijo del Hombre, que tenía en la cabeza una corona de oro, y en la mano, una hoz aguda. Y del templo salió otro ángel clamando a gran voz al que sentado sobre la nube: Mete tu hoz, y siega; porque la hora de segar ha llegado, pues la mies de la tierra está madura. Y el que estaba sentado sobre la nube metió su hoz y la tierra fue segada."

EL SEÑOR DE LA COSECHA

La cosecha; un emblema que a veces significa el corte de los malvados cuando están maduros para ruina por los juicios de Dios, y otras veces la recogida de los justos, cuando estén maduros para el cielo por la misericordia de Dios.

El Señor de la cosecha parece ser el Señor Jesús. La carroza en que se sienta; una nube blanca. Sobre su cabeza, una corona de oro, autoridad para hacer todo lo que ha hecho y lo que hará. En su mano tiene una hoz aguda.

La hoz es la espada de la justicia divina; el campo es el mundo. Cosechar es cortar los habitantes de la tierra. El tiempo es cuando el maíz y el trigo están maduros. La recogida puede ser para destrucción por varias razones.

1: El Señor va a cosechar. Él va a ejecutar juicio sobre la gente. 2: Aquí Cristo tiene una corona de oro, símbolo de su reino. El recibirá el reino en la primera fase de su segunda venida. 3: La cosecha se llevará a cabo después de la proclamación de la caída de Babilonia.

Los enemigos de Cristo no son destruidos hasta que por sus pecados están maduros para ruina. Entonces él no los tolera más, sino que mete su hoz y los corta.

Verso 17-20: "Salió otro ángel del templo que está en el cielo, teniendo también una hoz aguda. Y salió del altar otro ángel, que tenía poder sobre el fuego, y llamó al ángel que tenía la hoz aguda, diciendo: Mete tu hoz aguda y vendimia los racimos de la tierra, porque sus uvas están maduras. El ángel arrojó su hoz a la tierra, y vendimió la viña de la tierra, y echó las uvas en el gran lagar de la ira de Dios. Y fue pisado el lagar fuera de la ciudad, y del lagar salió sangre hasta los frenos de los caballos, por mil novecientos estadios."

Algunos piensan que este es un emblema del mismo evento, y que ambas cosechas se refieren al juicio de los malvados antes del fin del mundo porque la Escritura no registra que la mies fue recogida en el granero de Dios. Observe a quién se le encomienda este trabajo; a otro ángel que salió del templo, respondiendo al llamado que le hacía el ángel que salió del altar, o del Lugar Santísimo celestial.

La hoz aguda había sido mencionada en Joel 3:9-14 donde se nos da un cuadro de la destrucción de las huestes del Armagedón. Así que esta escena es del Armagedón, y no de los santos mártires. Cristo ha retardado la vendimia en su paciencia, pero ha llegado la hora de tomar venganza de sus enemigos.

El ángel procede a vendimiar la viña. Israel era conocida como la Viña, en Mateo 21:33. Aparentemente este será un tiempo de apretura terrible para los judíos. Las uvas maduras son echadas al lagar de la ira de Dios, al fuego de su indignación. Los judíos que rechazaron el evangelio, los hijos de los que violaron el pacto de Abraham han de pasar por una gran calamidad, tal vez la espada de la guerra, derramando la sangre de los malvados.

El lugar del lagar de la ira de Dios; dentro de la ciudad que en sentido espiritual se llama Sodoma y Egipto: en Jerusalén, en el valle de Megido. Note la cantidad del vino, esto es de la sangre derramada en este juicio: Mil seiscientos estadios, doscientas millas italianas. Sin embargo, aquí somos dejados en un enigma, porque estos eventos no han sucedido. La visión es para un día determinado, y aunque parezca que el Señor se tarda, debemos esperarle. Pero, ¿Quién vivirá cuando el Señor haga esto?

CAPÍTULO 15

LOS ÁNGELS CON LAS SIETE PLAGAS

Verso 1: "Vi en el cielo otra señal, grande y admirable; siete ángeles que tenían las siete plagas postreras; porque en ellas se consumaba la ira de Dios."

Aquí tenemos la preparación de los siete ángeles que derramaron las siete copas. Su trabajo es de destruir al anticristo. Dios había levantado al anticristo para ser el instrumento de su juicio, pero ahora el anticristo y el falso profeta deben ser destruidos. Dios está por derramar las últimas siete plagas, y a medida que Babilonia colma la copa, encontrará que la ira de Dios es colmada.

Verso 23: "Vi también como un mar de vidrio mezclado con fuego; y los que habían alcanzado la victoria sobre la bestia y su imagen, y su marca y el número de su nombre, en pie sobre el mar de vidrio, con las arpas de Dios."

Un mar de vidrio, mezclado con fuego. Cuando los Israelitas cruzaron el Mar Rojo, las aguas se congelaron a los lados por el soplo de Dios (Éxodo 15:8). La Nube de fuego se reflejaba en el hielo y parecía que el mar era de fuego.

Los que alcanzarán la victoria en la Tribulación estarán sobre este mar de vidrio, así como lo estuvieron los que escaparon del Faraón. Este es el mismo mar que vio Juan en el capítulo cuatro. Es el pavimento literal frente al trono de Dios. Esconces estaba vacío, pero ahora le ve ocupado por los mártires de la Gran Tribulación.

Verso 34: "Y cantan el cántico de Moisés, siervo de Dios y del Cordero, diciendo: Grandes y maravillosas son tus obras, Señor Dios Todopoderoso: Justos y verdaderos son tus caminos, Rey de los santos. ¿Quién no te temerá, oh Señor, y glorificará tu nombre? pues sólo tú eres santo; por lo cual todas las naciones vendrán y te adorarán, porque tus juicio se han manifestado."

LOS MÁRTIRES EN EL MAR DE CRISTAL

Aquella multitud que vimos en el capítulo siete con palmas en las manos, la volvemos a ver con arpas cantando el cántico de Moisés y del Cordero. Ellos serán testigos de las siete plagas que han de derramarse sobre el reino del anticristo.

El mar es de vidrio, las aguas no se necesitan más para la purificación. Ellos pasarán victoriosamente la prueba de la bestia y la Tribulación. Entonces cantarán el cántico doble; el de la liberación terrenal, el cántico de poder, y el cántico del Cordero, el de la liberación espiritual. Ellos serán libertados por el poder divino de la sangre del Cordero.

Los siervos fieles de Cristo miran el mundo como algo frágil y quebradizo, que será roto en pedazos. Ellos se paran sobre el fundamento de la justificación de Cristo. Los que están de pie en el mar de vidrio llaman la atención a las naciones a que teman a Dios y le den gloria y le rindan culto por los descubrimientos de su Palabra y de su justicia.

Verso 5-6: "Después de estas cosas miré, y he aquí fue abierto en el cielo el templo del tabernáculo del testimonio; y del templo salieron los siete ángeles que tenían las siete plagas, vestidos de lino limpio y resplandeciente, y ceñidos alrededor del pecho con cintos de oro."

Observe como aparecen los ángeles saliendo del templo del cielo para ejecutar la orden. El Lugar Santísimo del cielo, donde está el trono de Dios, fue abierto. Por eso sabemos que los juicios de Dios van a destruir los intereses anticristianos; que está cumpliendo las profecías y las promesas de su pacto y Palabra. Que en este trabajo está respondiendo a las oraciones del pueblo que son ofrecidas a él por medio de Cristo.

Los ángeles están vestidos con vestiduras sacerdotales. Estas cosas simbolizan la justicia de Dios que está tomando satisfacción por el agravio hecho a su Hijo, nuestro Señor Jesucristo, cuya autoridad y oficio han sido usurpados, su Nombre deshonrado, y el gran plan de su muerte desvirtuado por el anticristo y sus seguidores.

Verso 7-8: "Y uno de los cuatro seres vivientes dio a los siete ángeles siete copas de oro, llenas de la ira de Dios, que vive por los siglos de los siglos. Y el templo se llenó de humo por la gloria de Dios, y por su poder; y nadie podía entrar en el templo hasta que se hubieran cumplido las siete plagas de los siete ángeles."

Estos siete ángeles están vestidos y ceñidos para preparar la gran cena de Dios. Ya no habrá más dilación en los juicios de Dios. El templo se llenó de humo, ya no se recibe más intercesión por los pecadores. La paciencia de Dios hacia ellos ha terminado.

Los ángeles serán los ministradores de la justicia divina y todo lo hacen en forma pura y santa. Están armados de la ira de Dios para castigar a los enemigos de Dios. La criatura más débil, cuando está armada de la ira de Dios, es muy difícil de vencer por el hombre.

La ira de Dios no va a ser derramada de una vez, sino es dividida en siete partes, las cuales irán cayendo sucesivamente sobre el reino del anticristo. Ellos reciben las siete copas de uno de los seres vivientes que ministran ante el trono.

Los intereses del anticristo estarán intercalados con los intereses civiles de las naciones, de manera que no puede ser destruido uno sin que se le de una sacudida al mundo entero. En ese tiempo no hará culto público, y habrá grande confusión. Dios mismo estará predicándole al mundo por medio de los terribles actos de la justicia divina.

CAPÍTULO 16
LAS COPAS DE IRA

Verso 1-2: "Oí una gran voz que decía desde

el templo a los siete ángeles; Id y derramada sobre la tierra las siete copas de la ira de Dios. Fue el primero, y derramó su copa sobre la tierra, y vino una úlcera maligna y pestilente sobre los hombres que tenían la marca de la bestia y adoraban su imagen."

Aunque en el capítulo anterior se hicieron grandes preparativos para derramar las plagas, nada se podía hacer hasta que Dios diera la orden. Los ángeles obedecen sin dilación, ni objeción. Encontramos que los mejores hombres, como Moisés y Jeremías, no accedieron a cumplir el llamado de Dios a hacer su trabajo enseguida, sino que discutieron con Dios, pero los ángeles de Dios, que no sólo son más fuertes que los hombres, cumplen la voluntad del Señor al instante.

Estas copas tienen una clara referencia a las siete trompetas que representaron el levantamiento del anticristo, y de aquí en adelante vemos que la caída de los enemigos de la Iglesia llevan un parecido a su levantamiento, y que Dios puede hacerlos caer de la misma forma en que fueron exaltados.

La caída del anticristo será gradual; así como la Babilonia mística y la política no serán construidas en un día, tampoco caerán en un día, sino por grados, y caerán para no levantarse jamás. La caída y el interés del anticristiano será algo universal. Todo lo que pertenece al él en algún sentido, o que es de servicio para él; sus edificios, y todas sus pertenencias, están señaladas para destrucción. Su tierra, su aire, su mar, sus ríos, sus ciudades; todos señalados para ruina; todo maldecido a causa de los malvados.

PLAGA: ÚLCERAS

El primer ángel derramó su copa y observamos en dónde cayó. Sobre la tierra; el cuerpo físico de los hombres y animales. Dios dice: "Id y derramad." Inmediatamente el trabajo comienza.

La primera copa es derramada, y una úlcera pestilente hiere a los hombres que tienen la marca de la bestia y han adorado su imagen. Esta plaga es semejante a la sexta plaga que hirió a los Egipcios. La úlcera será una manifestación de la corrupción interna y la maldad de los adoradores apóstatas.

Produjo tumores cancerosos. Esto no es raro. Se ha confirmado que la radiación nuclear produce cáncer. La tierra estará tan contaminada que la humanidad entera sufrirá de esta terrible plaga. Hace poco tiempo que ha aparecido una bacteria carnívora, que devora la carne de la gente en pocas horas.

SEGUNDA PLAGA

Verso 3: "El segundo ángel derramó su copa sobre el mar, y éste se convirtió en sangre como de muerto y murió todo ser vivo que había en el mar."

La contaminación de las aguas hará que las aguas del mar Mediterráneo, que rodea el reino del anticristo, sean dañinas para las criaturas del mar, por lo cual, al morir tanto animales marinos, el agua del mar se convertirá en sangre de muerto.

Algunos opinan que el mar se refiere a la jurisdicción del dominio de la religión falsa; su sistema religioso, sus falsas doctrinas, su culto idólatra, sus perdones e indulgencias, el gran conglomerado de sus inventos malignos, por lo cual mantienen un negocio lucrativo para ellos, pero injurioso para los que comercian con ellos.

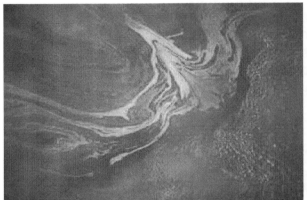

EL MAR SE CONVIRTIÓ EN SANGRE

Dios no sólo descubre la vanidad y la falsedad de su religión, sino su naturaleza perniciosa y mortal que envenena a los hombres cuando pretenden ser el medio seguro de la salvación.

LA TERCERA PLAGA

Verso 4: "El tercer ángel derramó su copa sobre los ríos, y sobre las fuentes de las aguas, y se convirtieron en sangre."

Los ríos convertidos en sangre

Sobre los ríos y las fuentes de las aguas. En el pasado esto se cumplió en los emisarios de la falsa religión, los cuales eran el arroyo que transportaba el veneno de sus idolatrías y sus errores desde su cabeza, el manantial original a los pueblos que pretendía salvar.

Ellos fueron expulsados de Alemania en el 1870 porque habían incitado príncipes cristianos a tomar justa venganza sobre los que habían sido los grandes incendiarios del mundo; los que habían derramado la sangre del gran ejército de mártires durante la gran inquisición.

Verso 5-7: "Y oí al ángel de las aguas que decía: Justo eres tú, oh Señor, porque has juzgado estas cosas. Por cuanto derramaron la sangre de los santos y los profetas, también tú le has dado a beber sangre; pues lo merecen. También oí a otro, que desde el altar decía; Ciertamente Señor Dios Todopoderoso, tus juicios son verdaderos y justos."

Note los instrumentos que Dios usa. Aquí uno es llamado, el ángel de las aguas, el que exalta la justicia divina en este desquite. Ellos han derramado la sangre de los santos, por eso ahora deben beber sus sangres, y el ángel del altar está de acuerdo.

Los apóstatas que niegan la sangre de Cristo, burlándose de ella, también tendrán que beber sangre para apagar su sed. Tendrán que gustar la maldad de su apostasía. Los egipcios habían sacrificado los niños hebreos al dios del Río Nilo. El Dios del Pacto de los hebreos le dio a beber sus sangres.

Verso 8-9: "El cuarto ángel derramó su copa sobre el sol, al cual le fue dado quemar a los hombres con fuego y los hombres se quemaron con el gran calor, y blasfemaron el nombre de Dios, y no se arrepintieron para darle gloria."

LA CUARTA PLAGA: SOL CALIENTE

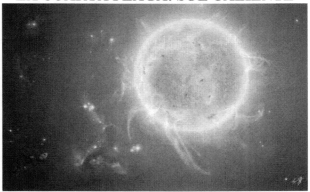

En estos versos vemos como el trabajo sigue el orden señalado. El contenido de la copa cayó en el sol. Algunos dicen que en pasado cayó sobre un eminente príncipe de la comunidad de la religión falsa, quien debió renunciar a ella por un corto tiempo antes de la caída total. Algunos afirman que fue el emperador Bismark de Alemania. Este país, que antes le daba las más tibias influencias al papado, se calentó demasiado y los quemó.

El profeta Malaquías, en el capítulo cuatro, habla de un día que arderá como un horno. Isaías 24 dice que tierra será vaciada y quedarán pocos hombres. El sol se calentará demasiado. Esto ya lo estamos experimentando. El Ozono, que nos libra de ser quemados por los rayos ultravioleta del sol, se está deshaciendo. Más los hombres no se arrepentirán, sino que se endurecerán más contra Dios y blasfemarán su nombre. Esta plaga nos recuerda la plaga de granizo mezclado con fuego enviada contra los egipcios.

LA QUINTA PLAGA: TINIEBLAS SOBRE EL TRONO DE LA BESTIA

Verso 10-11: "El quinto ángel derramó su copa sobre el trono de la bestia; y su reino se cubrió de tinieblas, y mordían de dolor sus lenguas, y blasfemaron contra el Dios del cielo por sus dolores y por sus úlceras, y no se arrepintieron para darle gloria."

En esta plaga vemos la respuesta de Dios a la jactancia del anticristo. Es una repetición de la novena plaga de los egipcios. Como resultado todo el reino de la bestia se cubrió de tinieblas. La misma ciudad de Babilonia, que es el asiento de su política, se tornará en tinieblas, dolor y angustia. Tinieblas es lo opuesto a la luz, al brillo y al esplendor.

Tinieblas es lo opuesto a la sabiduría y a la penetración. En las tinieblas se esconde la confusión y el engaño de la idolatría. Es opuesta al gozo y al placer, por eso cuando la calamidad llegue a ellos se verán rodeados de angustia y decaimiento mortal.

LA SEXTA PLAGA

Verso 12: "El sexto ángel derramó su copa sobre el gran río Éufrates; y el agua de este se secó, para que estuviese preparado el camino de los reyes de oriente."

El río Éufrates siempre ha sido de gran importancia en las Escrituras. Él siempre ha sido la barrera entre las naciones del oriente y el occidente. Por mil millas corre ancho y hondo, y esto ha sido gran estorbo a las actividades militares.

Durante la guerra contra Irak, los aviones aliados destruyeron los puentes que cruzaban este río y enseguida ganaron la guerra, porque el país quedó dividido y sin comunicación. Los reyes del oriente parecen ser las naciones al este de Irak, Irán, Afganistán, India, China, Japón, Corea, que ya cuenta con armas nucleares.

EL RÍO ÉUFRATES SE SECARÁ

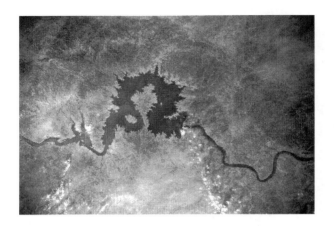

Parece que las aguas del río se secarán; sea porque cuando se construya la Babilonia política, que se ya está siendo construida en Irak, se construirán represas en el río, o por el paso de los grandes ejércitos orientales.

El Mar Rojo se secó para que los Israelitas cruzaran en seco. Algunos creen que puede ser también que el río se secará para que los israelitas que estén en esas naciones pasen de regreso a su tierra. Esto no parece muy posible porque hoy hay medios de transporte que eliminan esa posibilidad.

Otros creen que esto se refiere al río Tíber; pues

así como Roma es la Babilonia mística, el río Tíber es el Éufrates místico. Ellos afirman que cuando Roma sea destruida, su río, y su mercadería sufrirán con ella. El río era en el pasado lo que llenaba la ciudad de riquezas, provisiones y comodidades.

El río se secará para que pasen los reyes de oriente. La idolatría Romana ha sido influenciada grandemente por la filosofía oriental, y su idolatría ha sido la barrera para la conversión de los judíos, quienes se curaron de su idolatría a los dioses, aunque de la del dios dinero no se han curado todavía.

Es posible que una vez que el papado sea eliminado, quitado de en medio los obstáculos, se abrirá un camino para que los judíos y otras naciones vengan a Cristo. Y si el Mahometismo cae al mismo tiempo, lo que es seguro, entonces habrá una amplia comunicación entre las naciones del Este y el Oeste. Esto facilitará la conversión de los judíos y la plenitud de los gentiles.

Verso 13-14: "Y vi salir de la boca de la bestia, y de la boca del falso profeta, tres espíritus inmundos a manera de ranas; pues son espíritus de demonios que hacen señales, y van a los reyes de la tierra en todo el mundo, para reunirlos a la batalla del gran día del Dios Todopoderoso."

LOS TRES DEMONIOS: ESPÍRITUS EN FORMA DE RANAS

Los tres espíritus inmundos salen de la boca del dragón, de la boca del anticristo, y del falso profeta. Cuando el trabajo de Dios se manifieste, no nos sorprende si da ocasión a otra consecuencia, la cual será el último esfuerzo del dragón, quien está resuelto a hacer lo posible por recuperar su ruinosa posición en los negocios del mundo. Ahora mismo está reclutando sus ejércitos de demonios y de hombres corruptos para hacer una salida desesperada antes que todo se pierda.

El infierno, el poder secular del anticristo y el poder eclesiástico, los tres espíritus en forma de ranas, se combinarán para enviar varios instrumentos equipados de malicia infernal, con política mundana, engaño y falsa religión, y estos unirán las fuerzas del diablo para la batalla decisiva.

Los medios que estos tres instrumentos usarán para comprometer los poderes de la tierra y envolverlos en su causa en esta guerra del Armagedón, es que harán pretendidos milagros; la vieja estratagema del anticristo y el falso profeta.

Algunos piensan que antes de la venida del anticristo, la pretensión del papado de hacer milagros, revivirá, (Vea el movimiento que está desarrollándose entre ellos) entreteniendo y engañando al mundo. En este tiempo han resurgido las apariciones de santas en todos los lugares.

La Nueva Era, con su avivamiento de espiritismo, será un canal para que los espíritus inmundos se manifiesten a través de sus médium para dar sus profecías mentirosas a los reyes de la tierra. Ya se sabe que los presidentes de las naciones tienen sus astrólogos personales a quienes consultan antes de hacer cualquier decisión de importancia. El diablo es tan sutil que después de usar un instrumento para cometer algún crimen horrible, lo ayuda a resolver por medio de otro instrumento para llamar la atención y ganar adeptos.

15: "He aquí yo vengo como ladrón. Bienaventurado el que vela y guarda sus ropas, para que no ande desnudo, y vean su vergüenza."

Este verso es una advertencia a los que aún no han sido tragados por las abominaciones del anticristo. Esta venida de Cristo es la segunda fase. La primera fase será el Rapto.

Verso 16: "Y los reunió en el lugar que en hebreo se llama Armagedón." O Megido, cerca del lugar donde Barac venció a Sísara, y donde el buen rey Josías fue asesinado. Este lugar ha sido famoso por dos grandes eventos de muy diferente naturaleza.

VALLE DE MEGIDO EN ISRAEL

La primera buena para Israel, la última muy desgraciada, pero será el lugar de la última batalla, en la cual se verá envuelto el pueblo de Israel, y saldrá victorioso. Esta batalla es la que está profetizada en Ezequiel 38-39 y requiere grandes preparativos, por eso su relato se suspende hasta el capítulo 19.

Una gran voz anunciará que está hecho ya. Es la misma voz que en la cruz del Calvario dijo: Hecho está, Consumado es. La voz que los juicios terrenales sobre los incrédulos han llegado a su fin.

Aquí tenemos al séptimo ángel derramando su copa en cumplimiento de la caída final de Babilonia, la cual es la pincelada final. Esta plaga cayó en el aire; sobre el príncipe de la potestad del aire, el diablo. Su poder será restringido, su política confundida. Será atado con las cadenas de Dios, la espada de Dios sobre sus ojos, y sobre su brazo, pues tanto él como los poderes de la tierra, están sujetos al Todopoderoso.

El diablo habrá hecho todo lo posible por preservar los poderes del anticristo y evitar la caída de Babilonia. Toda la influencia que tiene sobre la mente de los hombres, cegando su entendimiento, pervirtiendo sus juicios, endureciendo sus corazones, levantando enemistad hacia el evangelio lo más alto que podía. Aquí la copa es derramada sobre su reino y ya él no podrá hacer nada para respaldar su causa y su interés.

Una gran conmoción en la tierra; un terremoto tan grande como nunca lo ha habido en la tierra, sacudiendo el mismo centro y es precedido por relámpagos y truenos. Es la hora del colapso cuando la piedra del sueño de Nabucodonosor completa su obra de desmenuzar los reinos del mundo.

Verso 19-20: "Y la gran ciudad fue dividida en tres partes, y las ciudades de las naciones cayeron; y la gran Babilonia vino en memoria delante de Dios, para darle el cáliz del vino del ardor de su ira. Y toda isla huyó: y los montes no fueron hallados."

Algunos opinan que este es un juicio literal. Jerusalén, la gran ciudad será dividida en tres partes. Babilonia y las grandes ciudades serán destruidas. Además habrá grandes movimientos en la faz de la tierra. Montañas se moverán, islas desaparecerán y habrá grande granizo. Se sabe que en ciertas regiones de los Estados Unidos caen granizos del tamaño de toronjas.

Otros dicen que se trata de la caída de Babilonia, la cual estará dividida en tres partes, llamadas ciudades de las naciones, o capitales de las naciones, desde donde estará reinando el anticristo.

El Dr. Larkin afirma que Babilonia será reconstruida durante el reino del anticristo con rapidez asombrosa. El sitio de la Babilonia antigua, fue el lugar donde Caín mató a Abel. Allí también Nimrod construyó la torre de Babel, donde surgió la idolatría, llevada a todo el mundo por los sacerdotes etruscos, conocidos como los sacerdotes de Baal.

La destrucción se extiende del centro a la circunferencia. Toda isla y montaña, que por situación y naturaleza parecían más seguras, Los astrónomos aseguran en que la esfera extra terrestre hay una actividad inusitada.

Hay planetas enteros, viajando en línea recta hacia la tierra, con la velocidad de la luz. Cuando estos planetas choquen con la tierra, las islas desaparecerán y los continentes se hundirán, o se moverán de su lugar, como sucedió en los días de Peleg, (Génesis 10:25) serán arrastradas en el diluvio de su ruina.

Los geólogos han llegado a la conclusión que la tierra sufrió un cataclismo en ese tiempo. Se cree que la tierra estaba en un sólo lugar y el mar todo unido. En los días de Peleg la tierra fue dividida, (Versión K.J:)

LAS PIEDRAS DE JEHOVÁ LA ESTRATÓSFERA

Verso 21: "Y cayó del cielo sobre los hombres un enorme granizo como del peso de un talento; y los hombres blasfemaron contra Dios por la plaga de granizo, porque su plaga fue sobremanera grande."

Durante este tiempo caerá un pedrisco tan grande sobre los hombres, y cada uno pesará unas sesenta libras. Dios estará apedreando a los malvados. Así como la ley de Israel ordenaba apedrear a los blasfemos, los blasfemos de los últimos días serán apedreados desde el cielo.

Lejos de arrepentirse, los hombres blasfemarán contra Dios que así los castigará. El estar endurecido, en enemistad con Dios por sus justos juicios, es una señal segura de la destrucción final.

CAPÍTULO 17
CONDENACION DE LA GRANDE RAMERA

Versos 1-2: "Vino uno de los siete ángeles que tenían las siete plagas y habló conmigo diciéndome: Ven acá y te mostraré la sentencia contra la gran ramera, la que está sentada sobre muchas aguas, con la cual han fornicado los reyes de la tierra, y los moradores de la tierra se han embriagado con el vino de su fornicación."

Aquí tenemos una nueva visión contemporánea con lo que sucedió en las últimas tres copas, pero descrito en forma diferente. La invitación dada al apóstol para que mirara lo que aquí se representa. Una ramera que ha fornicado con todos los reyes y los pueblos de la tierra, a quienes ha intoxicado con su falsa religión. Una religión que asesina a quienes no puede corromper.

Los astrónomos aseguran en que la esfera extra terrestre hay una actividad inusitada. Hay planetas enteros, viajando en línea recta hacia la tierra, con la velocidad de la luz. Cuando estos planetas choquen con la tierra, claro que las islas desaparecerán y los continentes se hundirán, o se moverán de su lugar, como sucedió en los días de Peleg, (Gen 10:25)

Verso 3: "Y me llevó en el Espíritu al desierto; y vi a una mujer sentada sobre una bestia escarlata llena de nombres de blasfemia, que tenía siete cabezas y diez cuernos."

La Iglesia corrupta en el desierto es comparada a una mujer. Ella aparece sentada sobre una bestia roja, el dragón escarlata, el diablo mismo. No creo que sea la misma mujer que había huido al desierto en el capítulo doce, porque a aquella el dragón no pudo hacerle daño.

Esta parece ser más bien, la súper religión, la Iglesia universal de los últimos días, la Iglesia apóstata del fin de los tiempos, compuesta de todas las religiones idólatras de todos los países y creencias.

Hay un movimiento universal tratando de unir a

todas las religiones del mundo.

La GRANDE RAMERA SENTADA SOBRE LA BESTIA

Babylon the Great
sitting upon a dangerous
wild beast

Ellos dicen que todas adoran al mismo Dios. Se llama "Movimiento Ecuménico." La falsa religión está tratando de llegar a todos los reinos de la tierra, y lo logrará con el movimiento de la nueva Era, el cual tiene en sí un poco de todas las religiones del mundo.

Verso 4: "Y la mujer estaba vestida de púrpura y escarlata, y adornada de oro, de piedras preciosas y de perlas, y tenía en la mano un cáliz de oro lleno de las abominaciones y de la inmundicia de su fornicación; y en su frente un nombre escrito, un misterio: BABILONIA LA GRANDE, LA MADRE DE LAS RAMERAS Y DE LAS ABOMINACIONES DE LA TIERRA."

Según la costumbre popular de aquellos tiempos, las prostitutas llevaban una señal en la frente para distinguirlas de las demás mujeres. A la religión falsa, a la prostituta mística, el Señor le ha puesto la señal en la frente para distinguirla de la Iglesia verdadera y aquí se nos revela quien es. Su nombre; Babilonia la Grande, para que no la confundan con la Babilonia antigua, ni con la Babilonia política del anticristo.

LA ADORACIÓN AL SOL

La mujer estaba vestida de púrpura y escarlata, adornada de perlas y piedras preciosas. Estos son los símbolos del papado. El oro, las perlas y las piedras preciosas hablan de sus enormes riquezas y su gloria brillante.

La roseta por donde entra el rayo del sol de la mañana, y llega al altar mayor e ilumina el cáliz

Es la madre de las rameras, o de todas las religiones idólatras de todas las naciones, quienes usan todo lo atractivo a la vista de los hombres. El cáliz de oro, con el símbolo de su culto al sol, nos habla de sus abominaciones e inmundicias.

Finnis Jennings dice la Ramera es identificada como el Catolicismo Romano por su historia. Durante el primer siglo la Iglesia Cristiana se componía de pequeños grupos y se distinguían por su amor fraternal, su pureza y moralidad y por su esperanza del retorno del Señor.

EL CÁLIZ EN EL ALTAR MAYOR

El gobierno los perseguía y ellos se reunían en las casas. Ellos oraban, cantaban, testificaban, leían el Antiguo Testamento, y las cartas de los apóstoles. Los inconversos no podían participar de la Santa Cena, el símbolo del pacto del amor, y del Sacrificio de Cristo.

En el segundo y tercer siglo antes de Constantino, el Cristianismo llegó a muchos lugares por medio de los misioneros. Los Cristianos fueron perseguidos por su conducta que condenaba la de los paganos, y porque no adoraban sus dioses paganos. La Iglesia sufrió diez persecuciones hasta que Constantino estableció la libertad religiosa. Entonces miles de paganos entraron al Cristianismo con sus ideas y supersticiones.

Durante el segundo siglo, muchas Iglesias Cristianas se unieron y se llamaron, Iglesia Universal. Otras Iglesias cristianas no se unieron ni estaban de acuerdo con la Universal. La Universal hizo distinción entre el clero y los laicos. Obispos, Presbíteros y diáconos fueron separados de los demás miembros de la Iglesia.

A medida que la idea de la Santa Cena creció, el clero fue llamándose, sacerdotes. El oficio fue tan magnificado que los sacerdotes pensaron que tenían autoridad para perdonar pecados y corregir errores. La idea del ascetismo fue la forma en que creció la santidad que dio paso a la idea que los sacerdotes no debían casarse.

Luego la idea de que si habían varias Iglesias en un lugar debía haber un obispo, y naturalmente los obispos de ciudades grandes eran más importantes que los de las ciudades pequeñas. A estos se les llamó "Metropolitanos", y comenzaron a gobernar diferentes obispos y sus diócesis. Cinco obispos metropolitanos llegaron al cargo de patriarcas. Estos fueron los obispos de Roma, Constantinopla, Alejandría, Jerusalén y Antioquía.

El siglo quinto, Agustín enseñó su doctrina de la naturaleza de la Iglesia Católica. El enseñó que los primeros obispos fueron nombrados por los apóstoles. Que los apóstoles recibieron de Cristo el don del Espíritu Santo para el cuidado de las Iglesias, y lo pasaron a sus sucesores, los obispos. Que los sucesores de los obispos eran los únicos que podían traer la salvación a los hombres.

Entre los cinco patriarcas, los más prominentes eran los de Roma y Constantinopla, las dos ciudades principales del mundo. Entonces el de Roma fue más grande porque era la ciudad más prominente. El obispo de Roma tenía toda la autoridad para resolver todas las disputas.

Durante el siglo quinto surgió el reclamo Petrino que hacía que el obispo de Roma fuera el sucesor de Pedro, la primera cabeza universal de la Iglesia. Entonces surgió la controversia entre el obispo de Roma y el de Constantinopla porque este no quería someterse al de Roma.

La palabra "Papa" se le daba a cualquier obispo hasta que gradualmente fue siendo reservada para el obispo de Roma. El título oficial de Iglesia Católica Romana hasta el siglo sexto cuando Gregorio 1 fue coronado y reconocido como el primer obispo universal.

EL ESTADO VATICANO

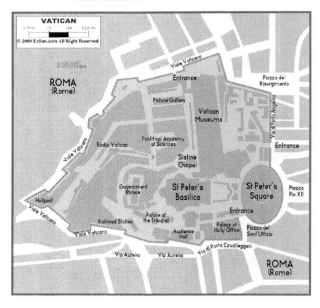

Los Papas eran escogidos por los emperadores hasta que Hildebrando estableció el colegio de cardenales con poder para elegir el Papa. Hildebrando concibió la idea de que el Papa debía ser el supremo regente del mundo y cabeza de la Iglesia.

En el siglo quince vino la Reforma. En el 1,848 un movimiento comenzó a libertar a Italia de la supremacía papal. En el 1,860 las partes del norte y del sur de Italia eligieron al rey Victor Manuel. En el 1,870 el rey unió a Roma el estado papal del Vaticano.

Ya el Papa no era regente de Roma, sino que fue hecho virtualmente prisionero voluntario que no podía caminar fuera del Vaticano. Esto duró hasta el año 1,929 cuando se reconoció la independencia del estado Vaticano.

Durante el siglo trece, la Iglesia Católica se volvió el amo del Imperio Romano y reinó sin rivales. La maquinaria de la Gran Inquisición estuvo en todo su apogeo matando judíos y herejes, más de sesenta y ocho millones en cuatro siglos.

El Papa es nuevamente regente de un territorio del tamaño de un pueblo de veinte mil personas. Ya tiene poder para acuñar su propia moneda, tiene trenes, aeropuerto, ejército y marina. El recibió indemnidad por la cantidad de 87,500 millones. Ahora la Santa Sede mantiene relaciones diplomáticas con muchas naciones.

Lo que es raro es que un lugar tan pequeño gobierne a casi todo el mundo hundiéndolo en la idolatría. Así también Israel es un territorio muy pequeño en comparación al resto de las naciones, sin embargo, es la tierra del Señor…

El "padre" Phelan dijo recientemente: "Los católicos del mundo primero son católicos, luego, alemanes, americanos, franceses o ingleses." De acuerdo al "padre" Chiniqui, los Jesuitas han organizado muchas sociedades secretas militares diseminadas por todo el territorio de los Estados Unidos. Su número pasa de un millón de soldados bajo el nombre de "United States Volunteer Milita" y son supervisados por los mejores oficiales de la república americana.

LA IDENTIDAD DE LA BABILONIA MÍSTICA

Su nombre es un misterio. Es la falsificación del nombre escrito en la frente del Israel de Dios. El nombre de Babilonia se lo puso Nimrod, su fundador cuyo nombre significa "Rebelión."

Gén.10:8-11 dice que en los días de Nimrod los hombres dijeron; "Hagámonos un nombre." Allí tuvo su origen el culto Babilónico. Nimrod construyó la ciudad de Babilonia.

La historia cuenta que los fundadores de este culto fueron Nimrod, "Baal" y Semíramis, "Ishtar" El hijo de ambos, "Tamuz", es mencionado en Ezequiel 8:10-14. A Semíramis se conoce como la "Reina del Cielo", en Jer. 7:18 y Jer. 44: 14-19. Todos los dioses paganos se conocen como los Baales.

Esta secta Babilónica incluía sacerdotes etruscos, las confesiones, absoluciones sacerdotales, el agua bendita, la doctrina del purgatorio, el ministerio de las vestales o monjas y la astrología.

Para ellos el dios sol es el autor de la vida. Israel

se envolvió en este culto (Vea 2 Reyes 23) enseñados por la sacerdotisa Jezabel, la reina pagana esposa de Acab. Fue de esta religión de misterios que Dios sacó a Abraham.

La adoración de "María" es parte del culto Babilónico. Los fenicios adoraban a Semíramis y a Tamuz como Astarté y Tamuz. Los griegos como Afrodita y Eros. Los egipcios como Isis y Osiris; los romanos como Venus y Cupido. India como Ishi e Ishwara. Todas las religiones del mundo tienen sus raíces en la religión de misterios Babilónicos.

Baal también es conocido como Vishnú, Krihna, en India, Dagón, el dios pez de los Filisteos, Moloc, el dios buey de los Cananeos, Nisroc, el dios de los sirios, etc. Si miramos detenidamente los sombreros que usan el Papa, los obispos y cardenales, nos damos cuenta que son una cabeza de pescado.

La Babilonia misteriosa fue la causa la apostasía de Tiatira. Es la manifestación de la que profesa ser la esposa de Cristo, pero que se ha vuelto ramera y se mezcla con el mundo. La ciudad de Babilonia era el centro de esta religión. En los tiempos de Nabucodonosor llegó a su cúspide.

Cuando cayó el imperio, los sacerdotes huyeron llevando sus imágenes y vasos sagrados para finalmente establecer su centro en la ciudad de Pérgamo. Fue así que Asia Menor llegó a ser el trono de Satanás.

Sus sacerdotes se conocían como los "Etruscos". Durante el dominio del imperio Romano, los Césares eran los sumo sacerdotes etruscos. Dámaso fue primer supremo pontífice etrusco y cristiano y los ritos de Babilonia comenzaron a manifestarse públicamente.

Bajo su mandato los templos paganos fueron restaurados y embellecidos para los rituales. Así el sistema corrupto religioso bajo la figura de una mujer con una copa en su mano, hizo que todas las naciones bebieran de su fornicación y es llamada: "Misterio, Babilonia la Grande."

La Iglesia Católica Romana de hoy es puramente una institución humana. Su doctrina que milita en contra de la Palabra de Dios, nunca fue enseñada por Cristo o los apóstoles. El culto Babilónico adora a María, y la llama, "La reina del cielo y su Hijo." Este culto fue impuesto por Dámasco en el año 381 D.C, tres años después de volverse sumo sacerdote etrusco y papa cristiano.

Ya no se mencionaba al Dios Padre. La bella Semíramis; la reina madre y esposa de Nimrod, se volvió objeto de culto entre los Católicos Romanos.

La reina del cielo: Jeremías 7:18 .
Semiramis; madre de dios y esposa de dios

Ella había sido adorada como "Rhea", la Madre
de Dios, identificada con Venus, la madre de
toda impureza. Ella levantó a Babilonia, donde

ella reinaba, a la eminencia entre las naciones
como el gran asiento de la idolatría, la
astrología, los misterios del ocultismo, y de la
prostitución consagrada. (Hesoid Theogania,
Vol. 36, pag 453). En Grecia su imagen con una

copa en la mano, se llamaba Venus.

El culto y la adoración de imágenes, comenzó desde temprano en la historia de la Iglesia Católica Romana. En el 787 D.C. En el siglo noveno los emperadores quisieron abolir esta práctica, pero ya estaba demasiado arraigada entre el pueblo. Esta costumbre vino de Babilonia.

La señal de la cruz tiene su origen en el místico "Tau" del culto Babilónico. El viene de la letra T, la letra inicial de Tamuz, (Ezequiel 8:14), mejor conocido como Baco, el Lamentado, o Nimrod hijo de Cus.

Los rosarios son de origen pagano, se usaban en Babilonia, y hoy entre los bonzos Budistas y entre los musulmanes. Las órdenes de monjes y monjas surgieron de las vírgenes vestales de Babilonia, las santas prostitutas del culto Babilónico. En la actualidad los católicos adoran más a María que a Cristo.

La ramera es identificada por su atavío. Está vestida con los colores y las riquezas de este sistema. El escarlata es el color de romanismo, reservado para los pontífices y los cardenales. El reverso de la capa del Papa es color escarlata. La alfombra que pisa es escarlata. La púrpura que usa el Papa es símbolo de su dignidad y su reino.

EL ROSARIO. SIN LA CRUZ: ES MUSULMÁN O BUDISTA

Verso 6: "Vi la mujer ebria de la sangre de los mártires de Jesús; y cuando la vi, quedé asombrado con grande asombro."

El dedo acusador no está ahí por accidente. Aunque esto se refiere más a los mártires del futuro, se cree que Roma ha asesinado más de doscientos millones de personas porque no están de acuerdo con su sistema religioso ni se han sometido a la voluntad del Papa.

Los que han sufrido el martirio de parte de la secta Babilónica, conocida como Católica Romana, se cuentan por billones. Sin embargo, faltan los que sufrirán el martirio por no adorar la imagen de la bestia, ni recibir la marca, con que la Grande Ramera señalará a los que adoran a la bestia.

Verso 7-8: "Y el ángel me dijo: ¿Por qué te asombras? Yo te diré el misterio de la mujer y de la bestia que la trae, la cual tiene las siete cabezas y los diez cuernos. La bestia que has visto, era y no es; y está por subir del abismo e ir a perdición; y los moradores de la tierra, aquellos cuyos nombres no están escritos desde la fundación del mundo en el libro de la vida, se asombrarán viendo la bestia que era y no es, y será."

El ángel explica a Juan el misterio. La mujer era el asiento de la idolatría y de la persecución. No es en la forma de los dioses paganos antes de Cristo, cuando se adoraba a los dioses de Olimpo; los dioses mitológicos. La Iglesia Católica Romana ha sido la promotora de la idolatría, a través de los siglos. En tiempos del anticristo, unida a las Iglesias de La Nueva Era, será la tirana y asesina de los santos. La idolatría y la tiranía son productos del infierno.

Versos 9-11: "Esto es para la mente que tenga sabiduría; las siete cabezas son siete montes, sobre los cuales se siente la mujer, y son siete reyes. Cinco de ellos han caído uno es, y el otro aún no ha venido; y cuando venga, es necesario que dure breve tiempo. La bestia que era y no es, es también el octavo; y es de entre los siete, y va a perdición."

Mathew Henry opina que las siete cabezas de la bestia son los siete montes que rodean a Roma, y los siete reyes, las siete clases de gobierno Romano. Roma fue gobernada por reyes, cónsules, tribunos, magistrados, dictadores y emperadores paganos y cristianos.

Siete reyes. Cinco de ellos habían muerto cuando se escribió el Libro. Uno de ellos estaba en el poder, esto es, el emperador pagano. El que había de venir era el emperador cristiano. El imperio Romano había pasado ya por seis formas de gobierno. En los tiempos en que Juan escribió reinaba la sexta forma de gobierno. La séptima es la forma actual de gobierno.

El mismo gobierno de los E.U.A. imita al romano. En los tiempos de Juan el gobierno romano se componía de dos dirigentes, los tribunos y los senadores. En Este país se compone de presidente, vice presidente, congresistas y senadores. De este sistema de gobierno, el cual viene de Europa, saldrá el octavo sistema, el del anticristo.

Verso 13: "Y los diez cuernos que has visto, son diez reyes, que aún no han recibido reino; pero por una hora recibirán autoridad como reyes juntamente con la bestia. Estos tienen un mismo propósito, y entregarán su poder y autoridad a la bestia."

El romanismo segará lo que ha sembrado y lo que sembrará. Ella será destruida a la mitad de la semana por los diez reyes del Imperio Romano Revivido.

LA BESTIA: Los diez cuernos son diez reyes

Ellos odiarán a la ramera. Ella había dominado sobre reinos. Esto prueba que la mujer es un sistema religioso. La verdadera Iglesia de Cristo no se conoce como una mujer, sino como un varón, (Efe. 2:1415, 4:13.

Los diez reyes corresponden a los diez dedos de la estatua de Nabucodonosor.

El Rev. Jennings dice que estas diez naciones son las naciones que rodean a Israel en la actualidad, las cuales son musulmanas, y no pelean por el territorio, sino por causa de la religión.

Verso 14: "Pelearán contra el Cordero y el Cordero los vencerá, porque él es Señor de señores y Rey de reyes; y los que están con él son llamados elegidos y fieles."

El propósito del anticristo y los reyes es el de pelear contra Cristo, el Cordero. A los ojos humanos la bestia y su ejército parecen más fuerte que el Cordero y sus seguidores. Uno pensaría que un ejército con un Cordero como Líder no podría hacerle frente a un dragón con su ejército.

Este ha sido el caso de Cristo y su Iglesia. Ella ha sido perseguida por el dragón y sus secuaces, por causa del Nombre, pero ha vencido, ha crecido, Dios ha establecido su reino en la tierra, en los corazones de los hombres, y hoy es una fuerza poderosísima.

En los Estados Unidos, país que fue civilizado por los cristianos, en el día de hoy, cuando el diablo ha querido echar fuera el Nombre de Jesús, la Iglesia es una fuerza política admirable que no se deja vencer por las artimañas del diablo y sus secuaces.

Cristo ha vencido. El reinará hasta que todos sus

enemigos sean puestos por estrado de sus pies. Él se enfrentará a muchos enemigos y a mucha oposición, pero su victoria es segura, porque él es Rey de reyes y Señor de señores. Él tiene el dominio, tanto por oficio como por naturaleza. Los poderes del infierno y de la tierra están bajo su control.

Los seguidores de Cristo son llamados elegidos y fieles. Elegidos desde la fundación del mundo. Sus nombres han estado escrito en el libro de la vida desde la fundación del mundo. Aunque por un tiempo fueron enemigos, él los venció y los ató con cuerdas de amor. Por eso son fieles hasta la muerte.

Los escogidos y fieles llamados a esta guerra son los que lucharán contra el reino del anticristo en la guerra final. Un ejército bajo tal Comandante se llevará el mundo por delante. La victoria será mayor al tener en cuenta la gran multitud de pueblos que lucharán contra el Cordero.

El secreto de esta victoria es que ya estaba profetizado que Dios mismo podrá garfios en las narices a las naciones Ross, Gog, Magog, Mesec, Tubal. (¿Quién se imaginaba que Rusia se dividiría en tantas naciones?). A ellas se unirá

Irán, (Persia). Etiopía, (Cus). Lybia (Fut). Alemania (Gomer), Turquía, (Togarma). Estudie Ezequiel 38 y 39 para que vea los detalles de esta guerra. Su propósito por ahora es el de destruir a la ramera.

Verso 15: "Me dijo también: Las aguas que has visto donde la ramera se sienta, son pueblos, muchedumbres, naciones y lenguas."

La ramera se sentaba sobre muchas aguas, eso es, presidía sobre muchas naciones, sobre reinos de todos los idiomas. Los reyes eran sus vasallos, y muchos gobiernos lo son todavía. Ellos le pagan tributo a Roma. Solamente el papado ha hecho esto en el mundo.

Verso 16-18: "Y los diez cuernos que viste en la bestia, estos aborrecerán a la ramera, y la dejarán desolada y desnuda, y devorarán sus carnes y la quemarán con fuego; porque Dios ha puesto en sus corazones el ejecutar lo que él quiso; ponerse de acuerdo y dar su reino a la bestia, hasta que se cumplan las palabras de Dios. Y la mujer que has visto es la gran ciudad que reina sobre los reyes de la tierra."

Note la poderosa influencia de que Dios tiene en los corazones de los hombres poderosos. Sus corazones están en su mano, y él los mueve como él quiere y cuando quiere. Dios es quien hará que estos reyes le entreguen el reino a la bestia. Ellos serán judicialmente enceguecidos y endurecidos para cumplir los propósitos de Dios. Es maravilloso para los santos saber que nuestro Padre está en control.

En los últimos días la Babilonia política y la Babilonia mística formarán una confederación, política y religiosa. Los reyes de este reino confederado bajo la Babilonia política del anticristo, se darán cuenta de que su poder será mutilado. Entonces aborrecerán a la Ramera, la

Babilonia mística, del papado, y la desnudarán de sus vestiduras tan espléndidas, confiscarán sus grandes templos y catedrales, con fuego, porque Dios pondrá en sus corazones hacerlo.

Al fin las naciones se darán cuenta como han sido embrujados y esclavizados por el papado, por su resentimiento, no sólo se separarán de Roma, sino que serán hechos instrumentos usados para su destrucción. Esto sucederá cuando se inaugure la adoración de la bestia, y será el fin de la súper Iglesia.

¿Qué simboliza la bestia sobre la que sienta la ramera? 1: Un ser humano, el anticristo. 2: Un ser sobrenatural, la bestia que sube del abismo. 3: Un imperio, el octavo que ocupa el puesto de las siete cabezas o los siete reinos.

El Rev. Jennings dice que la bestia que sube del abismo es un príncipe satánico sobrenatural. No un espíritu que va a encarnar en un ser humano y volverse el anticristo, sino un demonio que dominará al anticristo y lo exaltará sobre el octavo y último reino de esta era.

Él cree que este mismo demonio fue el que operó en los cinco reyes antes del tiempo de Juan, y que cuando el imperio cayó, el demonio fue echado al abismo durante el dominio del imperio Romano, el que imperaba en el tiempo de Juan, y que ha quedado confinado al abismo hasta la formación del séptimo reino.

LA BESTIA QUE SUBE DEL ABISMO:
El anticristo

Que será libertado durante el séptimo reino para levantar al anticristo de los diez reinos y revivir el reino de Grecia que él dominaba antes del sexto y séptimo reino, y que este reino se volverá el octavo y último reino dirigido por el anticristo quien peleará con Cristo en el

Armagedón.

Desde el principio de la historia de Israel en Génesis 12, y a través de todo el Antiguo Testamento, hubo cinco reinos que Satanás usó para destruir a Israel. Dios tomó ventaja de los esfuerzos de Satanás, y usó estos mismos reinos para castigar a Israel cuando fue necesario para traerlos al arrepentimiento. Estos reinos fueron, Egipto, Asiria, Babilonia, Media y Persia, y Grecia. El sexto fue el antiguo Imperio Romano, el que existía en tiempos de Juan y que esparció al pueblo Israelita a los cuatro vientos.

El séptimo será el mismo Imperio Romano Revivido en forma de diez reinos que perseguirán a Israel. La bestia será el octavo, el reino del anticristo a quien los diez reyes entregarán el reino. Este se volverá el peor perseguidor de Israel.

El Rev. Jennings cree que la bestia que sube del abismo es el "príncipe de Grecia", por lo siguiente: 1: Las últimas visiones de Daniel concernientes al imperio Griego de Alejandro, sus cuatro divisiones, y el levantamiento del anticristo de entre ellos.

En la visión de Daniel capítulo 2; de los catorce

versos hablando de Babilonia, Media y Persia, Grecia, Roma y el Imperio Romano Revivido, seis hablan de Grecia. En los veintiocho versos de Daniel capítulo 7, sólo tres hablan de Grecia, pero nueve hablan del cuerno pequeño que será el rey futuro de la Grecia Revivida.

En los veintisiete versos de Daniel 8, el macho cabrío, o Grecia, o el rey de Grecia son los mayores objetivos de la visión. El propósito principal del capítulo es para mostrar la caída de Persia y la existencia de Grecia en los últimos días bajo las cuatro divisiones con el anticristo saliendo de una de ellas.

Los setenta y nueve versos de Daniel 10-12 son dedicados a mostrar que el anticristo vendrá de una de las cuatro divisiones, y señala uno: el sirio. Estos hechos prueban que el príncipe de Grecia, con quien el arcángel Miguel luchó, (Dan. 10:20) es la bestia que sale del abismo.

El cuerpo de la bestia es como un leopardo. En el libro de Daniel el leopardo representa a Grecia. Así lo muestra Apocalipsis 13. En Joel 3:6 y Zacarías 9:13, tenemos dos profecías del Imperio Griego en los últimos días del anticristo.

LOS SIETE MONTES E ISRAEL

Los siete reinos representados por los siete cabezas y el dragón son siete reinos coexistentes con Israel desde el comienzo hasta la existencia de la bestia del octavo reino.

LOS DIEZ CUERNOS DE LA BESTIA EN EL PASADO

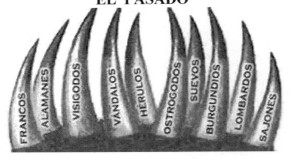

Los diez cuernos son el séptimo reino, el del Imperio Romano Revivido. Roma siempre ha existido como un reino simbolizado por las piernas de la estatua de Nabucodonosor. Entonces también han existido como dos reinos, representados por las dos divisiones del imperio. Los diez dedos representan los diez reyes mencionados en Daniel 7:7-27. Un cuerno pequeño, llamado la bestia, en Daniel 7:8; se levantará después de ellos y quitará tres cuernos, quedando siete, y él es el octavo.

El Imperio Romano Revivido existirá como la séptima cabeza de la bestia, por un poco tiempo, hasta la mitad de la semana setenta de Daniel. Aparentemente enseguida que reviva y se convierta en diez reinos, el anticristo surgirá y comenzará a conquistar algunos de los diez reinos formando entonces su reino, la Grecia Revivida.

Los diez cuernos en el futuro.

El Imperio Romano revivido surgirá por la unión de los diez reinos por medio de guerras y pactos. Estos reinos formaban parte del Imperio Romano antiguo. El más pequeño de los reinos fue el de Egipto. Egipto fue la primera cabeza que reinó desde Egipto hasta Asiria. Asiria, la segunda cabeza reinó, desde Egipto a Armenia, parte del Asia Menor, Babilonia, Media y Persia.

Babilonia, la tercera cabeza reinó sobre Egipto, Siria hasta el oeste del Río Tigris. Media y Persia, la cuarta cabeza fue la que obtuvo más territorio que las anteriores, reinó desde el Río Indico en el este, partes de Tracia y Macedonia, en el oeste, a los Mares Negro y Caspio a Egipto y todo el norte de África.

Grecia, la quinta cabeza conquistó todo el reino de los Medo-Persas y le añadió a Grecia, Macedonia, Tracia y fue la más que obtuvo territorio de las cabezas de la bestia. Roma, la sexta cabeza reinó sobre todo el territorio de Grecia excepto los países de este del Mar Caspio y el Golfo Pérsico. Ella añadió a su territorio a África, Francia, España, Portugal, Alemania, e Inglaterra. El reino del anticristo abarcará todo este territorio más las que controle el Imperio Romano revivido.

En el 1948 había más de veintiséis estados dentro del Imperio Romano. Inglaterra, Holanda, Bélgica, Luxemburgo, Francia, Suiza, España, Portugal, Italia, Austria, Hungría, Yugoslavia, Rumania, Bulgaria, Albania, Grecia, Turquía, Siria, Líbano, Irán, Irak, Morocho, Algeria, Tunisia, Libia, y Egipto.

La gran mayoría de estas naciones están unidas por la religión Mahometana. Aunque Israel fue gobernado por el Imperio Romano, no será contado entre los diez reinos. Esto está claro por el hecho de que el reino Sirio de diez naciones harán un pacto con Israel para asegurar la paz y seguridad con Israel como un estado separado,

Dan.9:7. (En 1994 se firmó el primer pacto entre Israel y los Palestinos).

Jordania no formará parte de los diez reinos, porque ella protegerá a Israel del anticristo cuando huyan al desierto, cuando el anticristo viole el pacto con Israel a la mitad de la semana.

En el año 1950 el Rev. Jennings escribió en su libro Exposición de Revelación; que por lo menos faltaban tres guerras antes de la segunda venida de Cristo. Él dijo que veintiséis reinos no se pueden tornar en diez a menos que hubiera guerras.

Desde el 1950 han habido cuatro guerras: Corea, Vietnam, el Golfo Pérsico y Afganistán, en las que los Estados Unidos han estado envueltos, sin embargo, las naciones no se han unido por secciones como él esperaba, sino por pactos, como OTAN, "NATO" OEA, las Naciones Unidas, etc. y por la religión Musulmana y la Nueva Era.

El Rev. Jennings profetizó en el 1950 que Rusia sería derrotada para que se dividiera en diez reinos. Ella debía dejar en libertad a Rumania, Hungría Bulgaria etc., porque estas naciones formaban parte del Imperio Romano. (Ya esto se ha cumplido). Una gran guerra se desatará en tiempos del anticristo y Rusia será tomada por él. Así es que el anticristo será Gog el príncipe de Mesec y Tubal. La guerra durará tres años y medio, (Dan. 11:44)

Es importante notar que el Vaticano está reuniendo todas las religiones en una: De ella saldrá el falso profeta que unirá a los musulmanes, ortodoxos, cópticos egipcios, y otras, para someterlas bajo su dominio, y para entregarlas al anticristo.

Entonces, unidos; las naciones del norte, y del este, y del sur; vendrán contra Israel, (Ezequiel 38:39, Zacarías 14) Con la mitad de Jerusalén tomada y los judíos casi destruidos, aparecerá Cristo, y terminará la guerra del Armagedón que durará un sólo día.

El papel de Estados Unidos y las Américas en estas profecías no está revelado en la Biblia. La teoría de que el anticristo va a ser un hombre que traerá paz y prosperidad milagrosamente no es escritural. El será un hombre de guerra desde el momento en que venga hasta que sea destruido en la guerra del Armagedón.

La única paz que causará será el pacto con los judíos por siete años, y a los tres años y medio romperá el pacto con ellos, pero para los gentiles será un hombre de guerra, como dice Daniel 8:25, 9:27.

¿QUIÉN ES EL ANTICRISTO? VEAMOS LO QUE DICE LA BIBLIA

La Biblia declara quién es él. 1: Apocalipsis 17:8 "Y la bestia que has visto, era, (en tiempos de Jesús), y no es; (cuando Juan escribe el Apocalipsis) y está por subir del abismo e ir a perdición." Perdición es un lugar.

2: Segunda de Tesalonicenses 1:3 dice: "Nadie os engañe en ninguna manera, porque no vendrá sin que antes venga la apostasía." Apostasía en griego es un verbo sin traducir que significa: "Una partida, irse de un lugar." No es lo mismo que apostatar, que significa dejar al Señor. El verso 7 dice que el Espíritu Santo detiene la manifestación del anticristo hasta que venga el Rapto de la iglesia.

3: Jesús dijo en Juan 17: 12: "De los que me diste, ninguno se perdió, sino el hijo de perdición, para que la escritura se cumpliese." Salmo 41:9

4: Jesús dijo en Juan 6:70. "¿No os he escogido yo a vosotros los doce, y uno de vosotros es diablo? Hablaba de Judas Iscariote. Judas se ahorcó esa misma noche "y se fue a su propio lugar."

CAPÍTULO 18

La Caída de Babilonia

Versos 1-2: "Después vi otro ángel descender del cielo con gran poder; y la tierra fue alumbrada con su gloria. Y clamó con voz potente, diciendo: Ha caído, ha caído la gran Babilonia, y se ha hecho habitación de demonios y guarida de todo espíritu inmundo, y albergue de toda ave inmunda y aborrecible."

Habiéndonos dicho de la destrucción de la Babilonia eclesiástica, de manos del anticristo y los reyes de la tierra, que la dejaron desnuda y la quemaron con fuego, ahora nos informa de la destrucción de la Babilonia literal y política. Note que Dios usó para la destrucción de la Babilonia mística al gobierno contra Dios.

La maldad en el efa sobre el gobierno político

de Babilona. Zacarías 5:6

Un ángel desciende del cielo para anunciar su caída y suerte terrible. Es probable que sea el mismo Señor Jesucristo que se presenta como ángel por tercera vez. La primera fue en Apocalipsis 8:13 donde mostrará su dignidad como Sumo Sacerdote. La segunda en el cap. 10:1 donde mostrará su dignidad Real. Aquí le vemos como Heraldo ejecutor de la venganza divina sobre Babilonia.

El no sólo tiene luz en sí mismo para discernir la verdad de su predicción, sino también para informar e iluminar al mundo acerca de este gran evento, y no sólo para discernirlo, sino poder para ejecutarlo.

La caída y destrucción ha sido determinada por el consejo divino y es de tal consecuencia a sus intereses y gloria que las predicciones y visiones concernientes a este evento, son repetidas. El ángel publica la noticia como algo que ya sucedió. Él lo hace con voz potente para que todos oigan su voz, y para mostrar que él está complacido de ser el mensajero de las noticias.

La Babilonia política, aquella ciudad construida a toda prisa en el lugar de la original, que será la sede del gobierno del anticristo, junto con la Babilonia mística, sede del gobierno del falso profeta, no serán destruidas a una vez. Transcurrirán tres años y medio entre una y la otra. Que la Babilonia literal será construida lo dice claro Zacarías. 5: 511. La mujer de la efa que se llama maldad, será puesta en el Valle de Sinar, el lugar de la antigua Babilonia.

En la Babilonia política habrá toda clase de pecado sin control. Allí no habrá ninguna restricción moral. Fue en ella que resurgió la idolatría antediluviana y vuelve a surgir la adoración al anticristo. Los demonios se pasearán entre la gente y tendrán comunión con ellos.

Set, el dios perro egipcio de los muertos: El

culto a las ánimas del purgatorio

En la Babilonia mística del presente, (el papado), siempre ha existido la comunión con los demonios a causa de la idolatría. Ella ha adoptado los dioses de todas las naciones, y les ha cambiado el nombre para que los feligreses los adoren.

Por ejemplo, los santeros han tornado a los dioses africanos, en las "siete potencias", en varios santos que se adoran en la Iglesia católica. Todo santero y espiritista se dice pertenecer a la Ramera. Sus sacerdotes bendicen sus ídolos, promoviendo y patrocinado la adoración a los demonios.

Ellos dan culto a las "ánimas del purgatorio." Este no es nada más que el culto a Set, el dios de la necromancia Egipcia, y a Hecaté, la diosa Egipcia de los cementerios y de las brujas, a quienes le celebran su día de Halloween.

Verso 3: "Porque todas las naciones han bebido el vino del furor de su fornicación; y los reyes de la tierra han fornicado con ella, y los mercaderes de la tierra se han enriquecido de potencia de sus deleites."

Dios declara la razón para su ruina, pues aunque no está obligado a dar cuenta de sus obras, se complace en hacerlo especialmente cuando las dispensaciones de su providencia son más horribles.

Verso 45: "Y oí otra voz del cielo que decía: Salid de ella pueblo mío, para que no seáis partícipes de sus pecados, ni recibáis parte de sus plagas; porque sus pecados han llegado hasta el cielo, y Dios se ha acordado de sus maldades."

Dios le da un aviso a todos los que esperan misericordia de Dios, a que no sólo deben salir de Babilonia, sino que ayuden a su destrucción. Observe que Dios tiene un pueblo en la Babilonia religiosa. Este llamado está en efecto hoy. El llama a todos los que están dentro de ella a que salgan para que no participen de sus plagas.

Un gran número de judíos estará viviendo en la Babilonia del anticristo. El Señor los llamará a salir de ella para que no participen de los juicios que le vienen. Los que están resueltos a participar con los hombres malvados, deben participar de sus castigos.

Verso 6-7: "Dadle como ella os ha dado, y pagadle doble según sus obras; en el cáliz en que ella preparó bebida, preparadle a ella el doble. Cuanto ella se ha glorificado en deleites, tanto dadle de tormento y llanto; porque dice en su corazón Yo estoy sentada como reina, y no soy viuda, y no veré llanto."

Aunque la venganza es prohibida, Dios llamará a su pueblo a actuar bajo sus órdenes para derribar a sus implacables enemigos. Dios proporcionará el castigo de los pecadores a la medida de su maldad, orgullo, y seguridad, cuando venga la destrucción a un pueblo súbitamente. La sorpresa agravará grandemente su miseria.

Verso 8: "Por lo cual en un sólo día vendrán sus

plagas; muerte, llanto y hambre, y será quemada con fuego; porque poderoso es el Señor que la juzga."

La destrucción de Babilonia llega por sorpresa. Relámpagos, truenos, terremotos. La gran ciudad, metrópolis del anticristo, y del falso profeta, será abrasada con fuego. Probablemente provocado por volcanes que dejen un enorme cráter en lugar de ella.

La antigua Babilonia, la capital de Hamurabi y sus sucesores, fue parcialmente destruida por el Sennaquerib, el rey de Asiria, (Isa.37:37-38) Esarhadón la reconstruyó, pero fue recapturada por Asurbanipal y se mantuvo bajo el Imperio Asirio hasta que el imperio cayó. Luego Nabucodonosor la convirtió en la ciudad más importante de Este.

Luego los medos y los persas tomaron la ciudad al fin de los setenta años de la cautividad de los judíos, y la hicieron una ciudad regia. Más tarde Alejandro el Grande la capturó y se volvió una gran ciudad en su reino. Algunos historiadores afirman que cuando Seleuco, uno de los generales de Alejandro, rey de Siria y Babilonia, construyó a Seleuca, ordenó que todos los habitantes de Babilonia se mudaran a ella.

Sin embargo, 1 Ped. 5:13 dice que Babilonia era una ciudad populosa. Cinco siglos después de Cristo había una academia Judía en Babilonia que produjo el Talmud Babilónico. Por esto sabemos que la destrucción final de Babilonia está en el futuro y se cumplirá en la Babilonia que se está construyendo ya y que tendrá su posición cumbre en los tiempos del anticristo. En ella se adorarán a los demonios, como en África, o en la Roma pagana, la adoración de imágenes.

Verso 9-13: "Y los reyes de la tierra que han fornicado con ella, y con ella han vivido en deleites, llorarán y harán lamentación sobre ella, cuando vean el humo de su incendio, parándose de lejos por temor de su tormento, diciendo: Ay, ay, de la gran ciudad de Babilonia, la ciudad fuerte; porque en una hora vino su juicio. Y los mercaderes de la tierra lloran y hacen lamentación sobre ella, porque ninguno compra más sus mercaderías.

Mercadería de oro, de plata, de piedras preciosas, de perlas, de lino fino, de púrpura, de seda, de escarlata, de toda madera olorosa, de todo objeto de marfil, de todo objeto de madera preciosa, de cobre, de hierro, y de mármol, y canela, especias aromáticas, olíbano, aceite, flor de harina, trigo, bestias, ovejas y caballos, y carros, y esclavos, y almas de hombres."

Note el control comercial que ahora mismo tiene la Babilonia religiosa en el mundo. Ella es súper rica. Ella tiene en sus manos el control del comercio mundial. Es por eso que los gobernantes de todas las naciones le rinden pleitesía.

Observe el lamento de los amigos de Babilonia por su caída. Los reyes, los presidentes, los comerciantes, las líneas aéreas, y las navieras se lamentarán porque se darán cuenta que han sido engañados con la fornicación de ella. Los que habían participado de sus placeres sensuales, y los que habían ganado con el comercio y la riqueza de ella, los reyes de la tierra, a quienes ella había adulado y llevado a la idolatría, permitiéndoles ser tiranos y arbitrarios con sus súbditos, mientras fueran obsequiosos con ella.

Los mercaderes de almas de hombres; las grandes corporaciones y sistemas, no tienen almas, pero hacen tráfico y comercio con las almas de los hombres. La Babilonia mística comerció en el pasado. Ella tomó parte en las atrocidades de la venta de esclavos secuestrados en el África y vendidos en todo el mundo; el tráfico de Opio de China.

El tráfico de las drogas de la Mafia compuesta de católicos profesantes, a quienes la Iglesia le echa la bendición póstuma a asesinos como a Al Capone, Hitler, etc. La Mafia controla el comercio de la pornografía y la prostitución. El abuso de los niños por sacerdotes pedófilos, es materia de historia.

El lesbianismo entre las monjas, y el homosexualismo entre los monjes y sacerdotes, y las orgías que se celebran en oculto; son la mancha más horrible entre la Babilonia religiosa.

Teófilo Gay comenta; "La Babilonia religiosa tenía un comercio semejante, lo único diferente era que ella comerciaba en el pasado con indulgencias, perdones, dispensaciones y promociones. Su mercado con las almas de hombres se ve claro en la doctrina del purgatorio. El papado enseña que Cristo ha expiado y quitado con su muerte, la culpa del pecado, pero no la pena temporal; ésta permanece para que el pecador mismo la expíe."

"Que existe un tercer lugar o morada para las almas de los muertos, además del cielo y el infierno. Que las almas de los buenos van a aquel lugar por un tiempo más o menos largo, apenas separados del cuerpo físico, para purificarse en las llamas. Por eso se llama: Purgatorio."

"Que los sufragios de los vivos pueden favorecer las almas del purgatorio, reduciendo el tiempo de sus sufrimientos. Que el Papa y el clero tienen las llaves del purgatorio y pueden, a su antojo, sacar las almas o dejarlas." Estas son algunas de las más descaradas imposturas del papado.

La Biblia declara que no hay más condenación para los que están en Cristo Jesús. La herejía papista mengua el valor de la Obra de Cristo, reduciéndola a proporciones irrisorias. Hace al cura más poderoso que Cristo, pretendiendo que de aquel purgatorio del cual Cristo no pudo sacarlos, el cura los saca por un puñado de monedas."

¡Cuántos infelices están ahora mismo en el infierno, creyendo que es el purgatorio y que saldrán algún día porque sus familiares le mandan a hacer misas! Este engaño diabólico tiene castigo. (Muchos llamados evangelistas se han contaminado, y están vendiendo aguas, aceites, cruces, y amuletos también).

Verso 14-19: "Los frutos codiciados por tu alma se apartaron de ti, y todas las cosas exquisitas y espléndidas, te han fallado, y nunca más las hallarás. Los mercaderes de estas cosas, que se han enriquecido a costa de ella, se pararán de lejos por temor de su tormento, llorando y lamentando, y diciendo: Ay, ay, de la gran ciudad, que estaba vestida de púrpura y escarlata, y estaba adornada de oro, de piedras preciosas y de perlas.

Porque en una hora han sido consumidas tantas riquezas. Y todo piloto, y todos los que viajan en naves, y marineros, y todos los que trabajan en el mar, se pararon de lejos; viendo el humo de su incendio dieron voces, diciendo: ¿Qué ciudad era semejante a esta gran ciudad? Y echaron polvo sobre sus cabezas, y dieron voces llorando y lamentado, diciendo: Ay, Ay de la gran ciudad, en la cual todos los que tenían naves en el mar se habían enriquecido de sus riquezas; pues en una hora ha sido desolada."

Lamentación grande sigue a la destrucción de este gran sistema mundial controlado primero por el papado en la Babilonia del capítulo 17, y luego por la Babilonia literal controlada por el anticristo y el falso profeta. Los ricos que se habían enriquecido con ella, aúllan a causa del dolor que ha venido sobre ellos.

Los placeres temporales del pecado terminan con tristeza. Los que se gozan con el éxito de los enemigos de la Iglesia de Cristo, participarán con ellos de su caída. Los que han sido indulgentes en orgullo y placeres, son los mismos que pueden sufrir calamidades. Su tristeza será en la medida que fueron sus placeres.

Ellos no se lamentan por su pecado, sino por su castigo. No lamentan haber estado envueltos en la idolatría, en el lujo, sino en su ruina, en la pérdida de su tráfico con la ciudad, la pérdida de riqueza y su poder.

El espíritu anticristiano es un espíritu mundano, y su tristeza es tristeza mundana. Ellos no lamentan la ira de Dios que ha caído sobre ellos, sino la pérdida de su comodidad externa. La Iglesia de Cristo puede detenerse un poco, pero la caída de Babilonia seré el derrocamiento final, como Sodoma y Gomorra. Las tristezas de parte de Dios, son algún consuelo en la aflicción, pero la tristeza mundana sólo añade calamidad.

Verso 20: "Alégrate sobre ella, cielo, y vosotros, santos, apóstoles y profetas; porque Dios ha hecho justicia en ella."

La orden del cielo y la tierra de alegrarse de la caída de Babilonia, mientras sus amigos se lamentan. La caída de Babilonia será un acto de la justicia divina.

Dios estará vengando la causa de su pueblo. Ellos le habían dejado a él la venganza, y el año de la recompensa ha llegado, y aunque los santos no se gozan de las miserias de nadie, tienen razón de regocijarse del descubrimiento de la gloriosa justicia de Dios.

Verso 21-24: "Y un ángel poderoso tomó una piedra, como una gran piedra de molino, y la arrojó en el mar, diciendo: Con el mismo ímpetu, será derribada Babilonia, la gran ciudad, y nunca más será hallada. Y voz de arpistas, de músicos, de flautistas, y de trompeteros no se oirá más en ti, ni ruido de molino se oirá más en ti.

Luz de lámpara no alumbrará más en ti, ni voz de esposo, y de esposa se oirá más en ti; porque tus mercaderes eran los grandes de la tierra: por tus hechicerías fueron engañadas las naciones. Y en ella se halló la sangre de los profetas y de los santos, y de todos los que han sido muertos en el tierra."

LA PIEDRA DE MOLINO

Evidentemente en Babilonia sufrirán el martirio una gran cantidad de personas, tanto profetas, como santos. De allí se decretará la destrucción de Israel, y muchos judíos perderán la vida. El martirio sufrido por los santos y los profetas de Jesús de manos de Babilonia la Ramera, a través de los siglos de los siglos es materia de historia.

ALABANZAS EN EL CIELO
Capítulo 19

1-3: "Después de esto oí una gran voz de gran multitud en el cielo que decía: ¡Aleluya! Salvación y honra y gloria y poder son del Señor Dios nuestro; porque sus juicios son verdaderos y justos; pues ha juzgado a la gran ramera que ha corrompido la tierra con su fornicación, y ha vengado la sangre de sus siervos de la mano de ella. Otra vez dijeron: ¡Aleluya! Y el humo de ella sube por los siglos de los siglos."

Habiendo terminado el juicio de Babilonia, este capítulo comienza con el santo triunfo sobre ella ¡Aleluya, Gloria a Dios! Con esto dan comienzo a la adoración. Alaban a Dios por la verdad y seguridad de su Palabra, y la justicia de su conducta providencial, especialmente en este gran evento. La ruina de Babilonia, quien había sido la madre, la nodriza, y el nido de la idolatría, la lascivia y la crueldad.

EL SEÑOR JESÚS, SENTADO EN EL TRONO

.

El efecto de la alabanza, cuando los ángeles y los santos dicen Aleluya, el fuego que consume a Babilonia arde más fieramente, y el humo sube para siempre. El medio más seguro de que nuestras liberaciones continúen y se cumplan, es darle gloria a Dios por las victorias obtenidas antes. Alabar a Dios por lo que tenemos, es orar en la forma más efectiva por lo que puede hacer más adelante. Las alabanzas de los santos incitan la ira divina contra los enemigos.

Estará por concluir el día del hombre. Los juicios de los sellos, las trompetas, y las copas, habrán pasado. Las naciones se unirán al anticristo y entonces se manifestarán los juicios de Babilonia con todos sus horrores.

Verso 4-6: "Y los veinticuatro ancianos y los cuatro seres vivientes se postraron en tierra y adoraron a Dios, que estaba sentado en el trono, y decían: Amen, ¡Aleluya! Y salió del trono una voz que decía: Alabad a nuestro Dios todos sus siervos, y los que le teméis, así pequeños como grandes. Y oí la voz de una gran multitud, como el estruendo de muchas aguas, y como la voz de grandes truenos, que decía: ¡Aleluya!, porque el Señor nuestro Dios Todopoderoso reina."

La santa armonía entre los ángeles y los santos. Los santos glorificados, y los ministros se unen al concierto de los ángeles y los querubines y adoran a Dios postrados sobre sus rostros ante Dios, diciendo: Amen, Aleluya.

Verso 7-8: "Gocémonos y alegrémonos y

démosle gloria; porque han llegado las bodas del Cordero, y su esposa se ha preparado. Y a ella se le ha concedido que se vista de lino fino, limpio y resplandeciente; porque el lino fino son las acciones justas de los santos."

El concierto de música celestial, el coro era inmenso, y su sonido era como el sonido de muchas aguas. No hay notas discordantes. Las estrellas de la mañana cantan unidas, todo es puro y perfecto.

La ocasión de este himno: El reino y dominio del Dios Todopoderoso, el Shadday, que ha redimido a su pueblo con su propia sangre. Es la reunión de Cristo y Su Cuerpo, la Iglesia; con el Cuerpo de Moisés que esperaba en el Seno de Abraham, y que había resucitado con Él, y se había ido con él en Su ascensión al cielo. Mateo 27:52, Efesios 4: 8. Cantares 6: 13. Es la reunión de dos campamentos.

Ahí se cumple Oseas 2:19. El Esposo vuelve a reunirse con la Esposa, el Cuerpo de Moisés que esperaba la redención en el Seno de Abraham: Hebreos 9:15. Jesús dijo en 1 Juan 1: 18: "Al Padre nadie le vio jamás," Así que todas las veces que aparecía Jehová, en el Antiguo Testamento, eran Cristofanías. "Sus salidas son de eternidad a eternidad." Miqueas 5:2.

Que la Cena se celebrará en el cielo lo prueba el hecho que después de la Cena, Cristo descenderá del cielo con los santos, (Apocalipsis 19:11) a cumplir la segunda fase de su venida, (Zacarías. 14:5, Judas 14-15, Apocalipsis. 19:11-21).

Algunos dicen que esto significa la conversión de los judíos que seguirá a la caída de Babilonia. Otros dicen que se trata de la reunión de los redimidos con Cristo. Aún otros dicen que esta es la reunión de la Iglesia con los santos de la Iglesia que estaba escondida en el desierto, y los de la gran Tribulación.

La esposa no aparece con las ropas pomposas de la grande ramera, sino vestida de la justificación de Cristo, tanto imputada a ella, como impartida para santificación a los santos. Ella está vestida con el vestido blanco de la absolución, adopción y pureza. Ella lavó sus ropas en la sangre del Pacto, la sangre del Cordero.

Verso 9: "Y el ángel me dijo: Escribe: Bienaventurados los que son llamados a la cena de bodas del Cordero. Y me dijo: Estas son palabras verdaderas de Dios."

Los que son llamados. Esta boda está completa. La esposa; Israel, el Cuerpo de Moisés. El Esposo, Jesús, con su cuerpo; los creyentes. Los amigos del esposo, desde Set hasta José, entre los cuales está Juan el Bautista, (Juan 3:29). Esta boda alegrará muchísimo a los que sean invitados. Aunque no es particularmente descrita como la registrada en Mateo 22:4.

Allí dice que el Padre preparó unas bodas a su Hijo, Jesús: Que invitó a los israelitas. Les envió los profetas, envió al Hijo, Juan el Bautista, a Jacobo y a Esteban, pero ellos los mataron. Entonces el Padre, enojado, envió a Pablo, a Felipe y a Bernabé a invitar a los gentiles para que se llenara la casa. Aún sus siervos están llamado e invitando a esta magna boda.

Aunque en la Iglesia en la tierra haya buenos y malos, unos vestidos de boda con la vestidura de la justificación de Cristo, y otros con los vestidos de justicia propia; en la cena de bodas del Cordero solamente entrarán los que están vestidos de la justicia de Cristo, y los que han sido santificados por la gracia del Espíritu Santo.

Todos los que oyen el evangelio están siendo invitados formar parte del Cuerpo de Cristo, para la boda del Cordero. Los que la rechazan son dejados para que participen de la Gran Cena de Dios registrada en el verso 17.

Verso 10: "Y me postré a sus pies para adorarle. Y él me dijo: Mira, no lo hagas; yo soy consiervo tuyo y de tus hermanos que retienen el testimonio de Jesús. Adora a Dios; porque el testimonio de Jesús es el espíritu de la profecía."

El transporte de gozo que sintió el apóstol en esta visión. El suponía que el ángel era más que una criatura, o teniendo sus pensamientos dominados por la vehemencia de sus afectos, se postró para adorarle.

Esta postura es parte de la adoración externa. El ángel rechazó el trato con gran resentimiento, diciéndole: "Yo soy una criatura como tú, tú igual en oficio, aunque no en naturaleza. Yo como ángel y mensajero de Dios, tengo el testimonio de Jesús; un mandato de ser testigo de él. Tú como apóstol tienes el testimonio de Jesús y este testimonio es el espíritu, el eje y centro de la profecía, o de la predicación inspirada. Así que en esto somos consiervos y hermanos."

Entonces le dirige a adorar el único digno de adoración; al Dios Todopoderoso, al Shadday. Note que no dice, adora al Papa, ni a los ministros, ni a los santos, sino a Dios.

Revelation 19:11-16

La Segunda Venida de Cristo con la Iglesia "cuando todo ojo le verá".

Verso 11: "Entonces vi el cielo abierto y he aquí un caballo blanco y el que lo montaba se llamaba fiel y verdadero, y con justicia juzga y pelea. Sus ojos eran como llama de fuego, y había en su cabeza muchas diademas; y tenía un nombre escrito que ninguno conocía sino él mismo. Estaba vestido de una ropa teñida de sangre; y su nombre era: El Verbo de Dios."

Enseguida que se celebran las bodas del Cordero, éste es llamado a cumplir otra misión, la batalla del Armagedón. Note la descripción del Comandante. El trono de su imperio es el cielo; su poder y autoridad son divinos. Su equipo, un caballo blanco para mostrar la equidad de su causa y la seguridad de su victoria.

Sus atributos: Él es Fiel y Verdadero. Fiel a su pacto y a sus promesas. Verdadero en su Palabra. Es justo en todos sus procedimientos militares y judiciales. Tiene una visión penetrante de todas las estratagemas del enemigo. Sobre su cabeza, muchas coronas. Su armadura, una ropa teñida de sangre, con la cual compró la Iglesia; o la sangre de sus enemigos, sobre los cuales ha prevalecido. Él es el Shiloh que lavó su vestido en vino, (Gen.49:11).

Su nombre es: La Palabra de Dios, un nombre que nadie puede llegar a comprender en su totalidad porque es la Mente de Dios. Aunque muchos han tratado de ponerle fecha a esta venida, sabemos que viene antes del Milenio. La teoría de que Cristo viene después de Milenio es peligrosa porque sustituye el trabajo de Dios por el de los hombres. Ella dice que el hombre asegurará su felicidad por sus esfuerzos sin necesidad de la gracia de Dios.

Esta escuela de enseñanza asegura que la Iglesia organizada prosperará hasta que todo el mundo se convierta a Cristo y entonces entrará el Milenio. También dicen que Cristo no puede venir a un mundo pecador, pero que cuando la Iglesia haya limpiado al mundo de pecado, invitará a Cristo para que reine en el mundo.

Verso 14: "Y los ejércitos celestiales, vestidos de lino finísimo, blanco y limpio, le seguían en caballos blancos."

LA GUERRA DEL ARMAGEDÓN

La palabra "Armagedón" sólo ocurre una vez en la Escritura. Es el nombre del lugar donde la batalla más grande será peleada. Es el lugar donde los tres espíritus inmundos, reunirán a los reyes de las naciones a la batalla. Armagedón es llamado, "El Valle de Josafat", lo cual identifica el lugar desde el Monte Carmelo al sur este de Jerusalén, (Joel 3).

La palabra "Armagedón" es derivada de las palabras hebreas **har,** que significa, lugar

montañoso, y **Megido**, que significa lugar
señalado para reunirse. Las dos palabras unidas
dicen "Harmegidon", y se refieren a los montes
de Megido en la parte del sur del valle de
Megido o Esdraelón, (2 Crónicas. 35:22,
Zacarías. 12:11) al sur del Monte Carmelo,
donde Elías celebró la batalla de los dioses.

El lugar está a la entrada que cruza el Monte
Carmelo entre Asia y África y en una posición
clave entre el Río Éufrates y el Río Nilo.
Thomtes lll, el fundador del antiguo Imperio
Egipcio dijo que el Megido valía más que mil
ciudades.

Este lugar será sin duda el de lugar los cuarteles
generales del anticristo cuando regrese de su
conquista de Rusia y las naciones del norte y el
este del antiguo Imperio Romano, (Apocalipsis
16:13-16) Ahí será donde él esperará el retorno
de Cristo. El diablo sabiendo que le queda poco
tiempo, le habrá revelado que Cristo regresaría
al fin de los 1260 días.

De alguna manera ya el anticristo habrá perdido
el control de Jerusalén, tal vez por haberse ido a
conquistar los países del norte, y los judíos
aprovecharán para tener el control de la ciudad

nuevamente. Lo cierto es que la ciudad estará en poder de los judíos.

LA DESTRUCCIÓN DEL ANTICRISTO Y SUS SECUACES

La batalla del Armagedón no será entre dos naciones terrenales como creen algunos, sino entre los ejércitos celestiales y los ejércitos terrenales dirigidos por el dragón, el anticristo y el falso profeta. Del lado de Cristo estará el Israel terrenal, (Zacarías. 14:1), los ángeles, (Mat. 25:31-45) y los santos resucitados, Zacarías. 14:15).

Del lado del anticristo estarán el diablo y sus

ángeles y demonios, (Apocalipsis. 12:7): los diez reinos, (Apocalipsis 17:14-17, Daniel 2:44), las ciudades recién conquistadas (Daniel 11:44, Ezequiel 38-39), y muchas otras naciones que cooperarán con el anticristo por el ministerio de los tres demonios con forma de ranas.

El propósito del Armagedón es para liberar a Israel de la destrucción total, por el anticristo y las naciones que controla. Para castigar las naciones que han perseguido a los judíos, (Mat. 25:31-36). Para establecer el reino Milenial en la tierra, y para darle al hombre una nueva dispensación antes de destruir todo rebelde de la tierra antes de establecer el estado perfecto. El propósito del diablo y del hombre será el de detener el plan de Dios y para tratar de evitar su ruina total.

De acuerdo a Zacarías. 14: 1-14, la batalla durará un día. El resultado de la batalla está registrado en Ezequiel 39. El Señor Jesús dirige un ejército compuesto de muchos ejércitos. Es la Iglesia, porque están vestidos de lino limpio y blanco.

Vienen montados en caballos blancos, los caballos de fuego celestiales, sean ángeles o querubines, como dice el Salmo 18:10. (Ángeles, querubines, Serafines, no fueron creados a imagen de Dios. Sólo el hombre es de la clase de Dios).

Verso 15:16: "De su boca sale una espada aguda, para herir con ella a las naciones, él las regirá con vara de hierro, y él pisa el lagar del vino del furor y la ira del Dios Todopoderoso. Y en su muslo tiene escrito un nombre: Rey de reyes y Señor de señores."

Una espada aguda sale de su boca, con la cual hiere a las naciones, ya sea por las amenazas de la Palabra escrita, la cual va a ejecutar ahora, o por la Palabra de mando a sus seguidores de tomar justa venganza de sus enemigos, quienes están ahora en el lagar de la ira de Dios.

Todo el que no se decide por Jesús, será contado como enemigo de Cristo y estará siendo trillado en este lagar, porque el juicio le ha sido dado a Jesús como Rey de reyes y Señor de señores. Esta es la insignia de su autoridad.

Este capítulo no da detalles de las armas que usará el Señor en la batalla, pero Ezequiel 39:22 nos dice que el Señor peleará con ellos con pestilencia y sangre, y que hará llover sobre ellos impetuosa lluvia, y piedras de granizo, fuego y azufre. Zacarías. 14:12 dice que la plaga será algo como la bomba de nitrógeno, la cual hace que la carne se corrompa estando vivos y la lengua se les deshaga en la boca, o como la plaga de las bacterias carnívoras que ya están haciendo estragos en el mundo entre los hombres.

Verso 17-18: "Y vi al ángel que estaba en pie en el sol, y clamó a gran voz, diciendo a todas las aves que vuelan en medio del cielo: Venid, y congregaos a la gran cena de Dios, para que comáis carnes de reyes y de capitanes, y carnes de fuertes, carnes de caballos y de sus jinetes, y carnes de todos, libres y esclavos, pequeños y grandes."

La invitación hecha a las aves de rapiña para que vengan y disfruten del despojo, dando a entender que este encuentro es decisivo y que dejará a sus enemigos como un festín para ellas, y es motivo de regocijo para el universo entero. Esto tiene que ver con la limpieza que harán los Israelitas registrada en Ezequiel 38. Ellos alquilarán gente de las naciones vecinas para enterrar los cuerpos de los que caigan en la batalla.

Los invitados a la gran cena de Dios: las aves de rapiña, uno de los ejércitos de sanidad de Dios

Actualmente en el área de Golán, han aparecido unas aves de rapiña gigantescas. Las mismas se están reproduciendo asombrosamente. Esto parece indicar que esta porción de la profecía se cumplirá al pie de la letra.

Verso 19-20: "Y vi la bestia, y a los reyes de la tierra, y sus ejércitos, reunidos para guerrear contra el que montaba el caballo, y contra su ejército. Y la bestia fue apresada, y con ella el falso profeta que había hecho las señales con las cuales había engañado a los que recibieron la marca de la bestia, y habían adorado su imagen. Estos dos fueron lanzados vivos dentro de un lago de fuego que arde con azufre."

El enemigo caerá con grande furia, encabezado por el anticristo, el falso profeta y los reyes de la tierra. Los poderes de la tierra y los del infierno se unirán en su último intento contra Dios. La bestia y el falso profeta serán apresados. Los líderes del ejército serán tomados prisioneros.

Los que los condujeron por la fuerza, la política y la falsedad, serán lanzados vivos dentro del lago de fuego. Sus seguidores, oficiales y soldados, serán entregados a la ejecución militar, y sus cuerpos sirven de banquete a las aves de rapiña. Esta será la gran cena de Dios (Lucas 17:34-37).

EL ANTICRISTO Y FALSO PROFETA.
VIVOS EN EL LAGO DE FUEGO

Aunque la venganza divina es particularmente contra la bestia y el falso profeta, esto no excusará a los que pelearon bajo su estandarte. Note que el anticristo y el falso profeta son lanzados vivos al lago de fuego.

EL REINO DEL MILENIO
CAPÍTULO 20

Vi a un ángel que descendía del cielo, con la llave del abismo, y una gran cadena en la mano. Y prendió al dragón, la serpiente antigua, que es el diablo y Satanás, y lo ató por mil años; y lo arrojó al abismo, y lo encerró, y puso su sello sobre él, para que no engañase más a las naciones, hasta que fuesen cumplidos mil años; y después de esto debe ser desatado por un poco de tiempo."

Aquí tenemos la profecía de la atadura de Satanás por mil años. El poder de Satanás fue roto en parte por el establecimiento del reino del Evangelio en el mundo, fue reducido aún más cuando el imperio Romano se volvió cristiano; Aún un poco más con la caída de la Babilonia religiosa, y más con la caída de la Babilonia comercial.

El trabajo es encomendado a un ángel, que es tipo del Señor Jesús, quien le derrotó en el infierno. Él tiene una cadena en la mano, y tiene las llaves del abismo para encerrarlo.

El prendió al dragón. La serpiente antigua había

usurpado el dominio que Dios le había dado a Adán. Este dominio tiene un tiempo limitado. Ahora el tiempo usurpado ha terminado, y el dragón es apresado y atado.

Diablo atado por mil años

Ni la fuerza del dragón, ni la sutileza de la serpiente antigua fueron suficientes para rescatarlo de la mano del ángel que lo sostiene. El ángel arrojó la serpiente antigua al abismo, cerró la compuerta, y puso su sello sobre ella.

Antes se le había permitido estar suelto, el

contrato Adámico no se había cumplido, por eso no había sido apresado. El engañaba a las naciones y perturbaba a los santos. Ahora es arrojado a su prisión y no puede salir por un milenio.

Cuando Cristo cierra, nadie abre. El cierra por su poder y sella por su autoridad, y su sello y su cerradura no pueden ser abiertos. Durante el Milenio, los cristianos disfrutarán de prosperidad, pero sus problemas no habrán terminado.

Verso 4: "Y vi tronos, y se sentaron a juzgar sobre ellos los que recibieron facultad de juzgar; y vi las almas de los decapitados por causa del testimonio de Jesús y por la palabra de Dios, los que no habían adorado a la bestia ni a su imagen, y que no recibieron la marca en sus frentes ni en sus manos; y vivieron y reinaron con Cristo mil años."

Observe quienes reinarán con Cristo durante el Milenio. Los que sufrieron por la causa de Cristo y fueron decapitados por rehusar recibir la marca de la bestia. Todos los que no se contaminaron con la idolatría. Estos fueron resucitados. Esto es lo que se conoce como el Rebusco y forma parte de la Primera Resurrección.

LOS TRONOS DEL JUICIO FINAL

A ellos se les dieron tronos y poder de juzgar. Fueron honrados con grandes poderes. Los que sufren con Cristo reinarán con él en la justicia y santidad en el reino celestial, y los israelitas que estén vivos después de la gran Tribulación, serán los que gobernarán al mundo desde Jerusalén. La Iglesia que se fue en el Rapto no toma parte en esto, porque ella estará en el cielo.

El gobierno será teocrático. Los judíos volverán a tener su templo, como dice Ezequiel 43, 44. Los levitas que se perdieron con las diez tribus no ministrarán en las cosas más santas, pero servirán en otras partes del templo. Los sacerdotes de la línea de Zadoc, los que se mantuvieron fieles a David se harán cargo de lo santo y sagrado.

Algunos se preguntan por qué Dios quiere un templo en la tierra durante el Milenio. La respuesta es la necesidad del hombre se satisfacer su instinto natural por la religión.

Las fiestas que se celebrarán el Milenio serán, Pascua, Panes sin levadura, Primeros frutos, Pentecostés, Trompetas, Día de la Expiación, y Tabernáculos. Los misioneros del evangelio serán judíos. Ellos cumplirán el plan de ser bendición a las naciones. Ellos llevarán el conocimiento de Cristo a todo el mundo. La gloria de Dios se manifestará continuamente. Habrá sanidad divina para todos.

Habrá paz y prosperidad universal y justicia para todos. Se prolongará la vida humana. Habrá cambios en el reino animal. No habrá animales fieros ni venenosos. La tierra será restaurada. El amor y la justicia prevalecerán.

El examen de esta dispensación será el obedecer

las leyes del gobierno divino, obedecer a Cristo y a los santos glorificados que estarán visitando en ocasiones necesarias para moldear el carácter del hombre en armonía con Dios por el Espíritu Santo y el poder del evangelio.

Dios enviará a su Hijo Jesucristo, con sus santos ángeles y los santos glorificados para llevar a cabo su propósito de erradicar toda rebelión de la tierra, para traer a los rebeldes a juicio y completar los tratos de Dios con la humanidad para remover la maldición y establecer el reino de Dios permanente sobre la nueva tierra como al principio.

Verso 5-6: "Pero los otros muertos no volvieron a vivir hasta que se cumplieron mil años. Esta es la primera resurrección. Bienaventurado y santo el que tiene parte en la primera resurrección; la segunda muerte no tiene potestad sobre estos, sino que serán sacerdotes de Dios y de Cristo, y reinarán con él mil años."

La Biblia nos habla de cuatro resurrecciones. 1 Cristo, las Primicias. 2 La Cosecha, el Rapto. 3 El Rebusco, los santos de la tribulación y los del Milenio. 4 La Segunda resurrección, la de los malvados después del Milenio. La segunda resurrección significa la Muerte Segunda, la eterna separación de Dios.

Así también hay tres clases de muerte. 1 La muerte espiritual, la naturaleza de Satanás, la madre de las otras dos. 2 La muerte física, ella es el "primogénito de la muerte." (Job 18:13) y es hermana de la enfermedad y del pecado. 3 La muerte segunda, la eterna separación de Dios.

La dispensación durará mil años. Ella dará comienzo con la atadura de Satanás y el retorno de Cristo a establecer el trono de David y a establecer el reino de Dios en la tierra. La dispensación durará hasta que Satanás será suelto nuevamente.

Muchos afirman que los santos vendrán con Cristo a reinar literalmente sobre la tierra desde Jerusalén, pero si hacemos cuenta de los santos de todos los tiempos no es posible que todos puedan reinar con Cristo por su gran número.

Otros afirman que los santos que reinarán durante el Milenio serán los judíos que serán salvos de la tribulación. Ellos establecerán el reino de Cristo en Jerusalén. Yo creo que en Jerusalén habrá un gobierno Cristiano, compuesto de los judíos.

Verso 7-10: "Cuando los mil años se cumplan, Satanás será suelto de su prisión, y saldrá a engañar a las naciones que están en los cuatro ángulos de la tierra, a Gog y Magog, a fin de reunirlos para la batalla, el número de los cuales es como la arena del mar.

Y subieron sobre la anchura de la tierra, y rodearon el campamento de los santos y de la ciudad amada; y de Dios descendió fuego del cielo y los consumió. Y el diablo que los engañaba fue lanzado al lago de fuego y azufre, donde estaban la bestia y el falso profeta, y serán atormentados día y noche por los siglos de los siglos."

Regresan los problemas para el pueblo de Dios, que ha vivido y reinado en paz por mil años en Jerusalén. Otro conflicto se levanta contra el gobierno cristiano, pero es de corta duración. La restricción de Satanás es quitada.

Mientras el mundo dure, el poder de Satanás no será destruido del todo, podrá ser en parte restringido, pero siempre tendrá algo para molestar al pueblo de Dios, que esté viviendo en la tierra en ese tiempo.

Enseguida que Satanás sea suelto de su prisión saldrá a engañar a las naciones. Este era su antiguo trabajo de incitar los hombres contra el gobierno de Cristo en Jerusalén. El reclutará voluntarios de las naciones de los cuatro puntos cardinales de la tierra, los que aunque estarán sujetos al gobierno de Cristo, no estarán conformes con su gobierno.

Note que estos hombres no serán malos porque el diablo los engañará, sino por su naturaleza de muerte espiritual, de unión vital con Satanás. Aquí tenemos el nombre de los comandantes del ejército del dragón: Gog y Magog.

No tenemos que ser muy inquisitivos a que poderes se refiere, pues Génesis 10 no dice que Magog era uno de los hijos de Jafet que pobló Siria, y sus descendientes poblaron diversas partes del mundo. Se cree que Gog y Magog son territorios Rusos.

Vuelve a repetirse la guerra, sólo que esta vez, no tienen tiempo de pelear contra la ciudad de Jerusalén, porque Dios mismo peleará con ellos, con fuego y azufre y granizo.

Note que a pesar de vivir mil años de paz y

prosperidad, el hombre no se ha librado de la causa básica de su maldad, que es la muerte espiritual. Ellos son los descendientes de la gente sellada. El gobierno Cristiano reinará sobre muchos países cuyos habitantes habrán recibido el sello de la bestia.

Los judíos le predicarán el evangelio durante el Milenio a sus descendientes, pero por lo la multitud que Satanás logra reunir para la última batalla, nos damos cuenta que no todos recibirán a Cristo como Salvador, por lo cual participarán del fatal designio y castigo del diablo.

Al fin el archienemigo de Dios será lanzado al lago de fuego, el querubín que se reveló al principio, al fin es justamente castigado, despojado de sus derechos legales usurpados. El anticristo y el falso profeta le darán la bienvenida y estará en el lago de fuego por los siglos de los siglos.

Verso 11-15: " Y vi un gran trono blanco y el que estaba sentado en él, de delante del cual huyeron la tierra y el cielo y ningún lugar se encontró para ellos."

Esta puede ser la disolución de nuestro sistema solar, mencionado en 2 Pedro 3:10. "Pero el día del Señor vendrá como ladrón en la noche; en el cual los cielos pasarán con grande estruendo, y los elementos ardiendo serán deshechos y la tierra y las obras que en ella hay serán quemadas."

EL HUECO NEGRO EN EL CENTRO DE LA VÍA LÁCTEA (vea la posición d nuestro sistema solar)

Nuestro sistema solar se dirige al centro de la Vía Láctea a una velocidad inusitada. Esa es la razón para que no volemos por los aires. La fuerza de gravedad es lo que nos mantiene pegados a la tierra.

JUICIO ANTE EL GRAN TRONO BLANCO

"Y vi a los muertos grandes y pequeños de pie ante Dios; y los libros fueron abiertos, y otro libro fue abierto, el cual es el libro de la vida."

El día del juicio final ha llegado. Este es el "día del Señor." El Señor Jesús estará sentado en el Trono Blanco, el trono de juicio en el cielo. Hoy está sentado en el Trono de misericordia, porque aún actúa como Mediador, pero viene su día y entonces el Redentor actuará como Juez.

Las bases del juicio serán la conciencia, la Ley, el Evangelio, y el libro de la Vida. Note que los reos son grandes y pequeños; hombres prominentes y hombres comunes. No creemos que haya niños menores de edad, porque aunque la Biblia no lo registra, creemos que son salvos por alguna cláusula del Sacrificio de Cristo. Él dijo que los niños hebreos, los herederos del pacto de Abraham tenían derecho al cielo, pero no se sabe nada acerca de los hijos de los inmundos, (estudie 1 Cor.7; 14).

EL LIBRO DE LA VIDA

"Los libros fueron abiertos." En el cielo hay un registro de todas las obras de los hombres. En este tiempo es fácil entenderlo. En las grandes computadoras de E.U. están registrados todos los nombres de los ciudadanos. Y durante el reino del anticristo, todos los nombres de los habitantes de la tierra estarán registrados en la computadora, conocida como la Bestia, que está en Bruselas en espera del líder.

"Otro libro fue abierto, el cual es el libro de la vida." Este es el libro de certificados de nacimiento de los hijos del Dios Vivo. Toda persona que ha aceptado a Jesús como Salvador, y se ha sometido a al Señorío de la Palabra, tiene su nombre registrado en él.

"Y fueron juzgados los muertos por las cosas que estaban escritas en los libros, según sus obras." Este es el juicio de las obras. Todas las obras buenas y malas están registradas en los archivos de Dios.

"Y el mar entregó los muertos que habían en él." Todavía la ciencia no ha descubierto a los habitantes del mar, pero la Biblia dice que los hay. Estos no son los hombres que murieron en el mar, porque sus espíritus están en el cielo o en el infierno.

Clearence Larskin dice que son los cuerpos de los pre- adámicos, criaturas que existieron antes del primer juicio de Satanás y el desorden de la primera tierra. Que no eran humanos. Los que siguen los estudios de los platillos voladores, dicen que éstos se sumergen en el mar. Ellos dicen que esta es la explicación del misterio del Triángulo del Diablo cerca de las costas de

Florida, Bermuda y Puerto Rico.

"Y la muerte y el Hades entregaron los muertos que había en ellos." La muerte espiritual entrega a los hombres, que aunque tienen vida física, son muertos espirituales. Refiriéndose a estos fue que Jesús le dijo a uno de sus discípulos: "Dejad a los muertos enterrar sus muertos."

El Hades, o el Infierno entregarán a los muertos, las almas que hay en él. La tierra devuelve sus cuerpos. Ellos resucitan "para vergüenza y confusión perpetua", (Dan.12). Esto significa que en el lago de fuego estarán con sus cuerpos físicos, el hombre trino; alma cuerpo y espíritu.

"Y fueron juzgados según sus obras." Aquí también comparecen a juicio los ángeles que están en el Tártaro. La Iglesia triunfante juzgará a los ángeles, (1Cor. 6; 3).

"Y la muerte y el Hades fueron lanzados al lago de fuego. Esta es la muerte segunda." La muerte espiritual, es postrer enemigo del hombre, la naturaleza de Satanás, que ha hecho tantos estragos entre la humanidad, la causa básica del pecado, la cual es heredada y trasmitida de padres a hijos a través de la sangre, al fin es lanzada, junto con el infierno al lago de fuego. Esta es la eterna separación de Dios. Y el que no se halló inscrito en el libro de la vida fue lanzado al lago de fuego."

EL LAGO DE FUEGO

Esto significa que las buenas obras de los hombres no los salvan. "Porque por fe sois salvos: No es por obras, para que nadie se gloríe", dice Efesios 2:89. Usted ve, el hombre está muerto espiritualmente. Todos han heredado la muerte espiritual que recibió Adán. Todos están legal y vitalmente unidos al adversario. Las buenas obras no pueden cambiar la naturaleza que esté en su espíritu, ni invalidar su unión con Satanás.

Sus buenas obras son obras de reos espirituales y Dios no las acepta. Ellas le dan alguna paz a su conciencia, pero no pueden salvar su alma. Cristo dijo que él vino a dar vida, la naturaleza de Dios. En su cuerpo estaba embotellada la naturaleza divina. El la derramó toda en la cruz, y hoy está en el evangelio.

El que recibe a Jesús como su Salvador, es engendrado de nuevo por el Padre, (Juan 1:12-13), recibe un espíritu nuevo, que sale del mismo corazón de Dios, (Ezequiel 36; 26), y se vuelve una nueva criatura. Su nombre es registrado en el libro de la vida. Si permanece fiel al Señor, no muere de nuevo, (dos veces muertos, Judas 12).

Este es un juicio de muertos espirituales solamente. Los que desean ser justificados por sus buenas obras, independiente de la fe en Cristo, será también lanzado al lago de fuego. El estará ofreciendo la ofrenda de Caín, y no será aceptado. Caín trajo una ofrenda como a él le parecía. Abel trajo una de acuerdo a lo que Dios había ordenado. Dios no acepta lo que a nosotros nos parece. Algunos dicen; "Yo le sirvo a Dios a mi manera." Eso fue lo que dijo Caín. No es a su manera, sino a la manera establecida por Dios.

Él dijo que nadie se acercara a él sin un sacrificio de sangre, por eso los patriarcas sacrificaban un animal inocente. Pero venido Cristo, el Cordero de Dios, el único Sacrificio que Dios acepta, ya los hombres pueden tomar ese Sacrificio y presentarse ante Dios y es bien recibido. "Jesús dijo: "Nadie viene al Padre, si no es por mí."

La doctrina del juicio final fue la que hizo temblar a Félix, en Hechos 24:25. El trono del tribunal es grande, blanco, hermoso, glorioso y perfectamente justo. Todo ser humano estará allí, ya sea para juzgar, o para ser juzgado. El Juez es el Señor Jesús, quien aparece con tanta majestad e inspira tanto terror que la tierra y el cielo huye de delante de él.

Se vacían las prisiones del Rey; el infierno, el Tártaro y el abismo. Nadie es tan grande que pueda dejar de comparecer a él; nadie es tan vil que no tenga talentos de los cuales responder. El motivo del juicio. Será de acuerdo a la evidencia de los hechos. Los que hicieron pacto con la muerte y convenio con el infierno, serán condenados con sus camaradas infernales y lanzados al lago de fuego, sin derecho a la vida eterna, de acuerdo a las reglas estipuladas en la Escritura de aceptar a Jesucristo.

Capítulo 21

Cielo Nuevo y Tierra Nueva

Verso 1 "Vi un cielo nuevo y una tierra nueva: porque el primer cielo y la primera tierra pasaron, y el mar ya no existía más."

Aquí tenemos una visión general de la alegría y el gozo de la Iglesia de Dios en el futuro, en su estado celestial. Un nuevo mundo se abre ante nosotros. Este no es un mundo nuevecito, acabado de crear, sino recientemente abierto y lleno de los herederos del mismo.

Eclesiastés 1:4 dice que la tierra permanece para siempre, por eso algunos piensan que la tierra pasará por un proceso de purificación. Ellos afirman que la tierra pasará por un bautismo de fuego, y que será restaurada. Los grandes océanos desaparecerán, pero quedarán los mares pequeños.

Sea que la tierra sea purificada por el fuego, o que sea una tierra nueva en otra Galaxia, no es importante. Lo único que sabemos es que será un lugar maravilloso donde no habrá las calamidades y los gérmenes de enfermedad que ahora atormentan al hombre.

LA NUEVA JERUSALÉN

No sólo habrá un nuevo cielo y una nueva tierra, sino también una nueva ciudad. Esta nueva Jerusalén será la ciudad donde habitará la Iglesia en su estado glorificado. Ella ha estado allí desde la resurrección.

Que es una ciudad literal lo revela el hecho de que Abraham la vio y dijo que el Arquitecto de ella era Dios. (Hebreos 11) La ciudad es bellísima, con toda la perfección de sabiduría y santidad para toda complacencia del Señor Jesús en gloria. Parece que esta ciudad es movible, porque regresa a la tierra.

Verso 34: "Y oí una voz del cielo que decía: He aquí el tabernáculo de Dios con los hombres, y él morará con ellos, y ellos serán su pueblo, y Dios mismo en ellos como Dios. Enjugará Dios toda lágrima de los ojos de ellos; y ya no habrá más muerte, ni habrá más llanto, ni clamor, ni dolor; porque las primeras cosas pasaron."

Así es proclamada la infinita bondad de Dios. La presencia de Dios con la Iglesia con sus hijos. Al fin se cumple su sueño de Padre. Es maravilloso.

El Padre al fin habita con su Familia. La presencia de Dios con sus hijos no será interrumpida jamás. El pacto, el interés y la relación que hay entre Dios y sus hijos se cumplirá y se perfeccionará. Ellos la asimilarán y se llenarán de amor, de honra, de deleite que da su relación con el Padre. Esto constituirá su perfecta santidad y él será su Dios.

El amor de Dios manifestado en la plenitud de gloria sobre ellos, será su perfecto gozo. Este nuevo estado estará libre de problemas y de penas. Antes tuvieron tristeza y lágrimas a causa del pecado, la aflicción, y las calamidades. Ahora las lágrimas han sido secadas, y no hay recuerdos que les entristezcan más. Dios mismo, como un tierno Padre, con su bondadosa mano, secará las lágrimas de ellos.

Verso 5-7: "Y el que estaba sentado en el trono dijo: He aquí yo hago nuevas todas las cosas. Y me dijo: Escribe; porque estas palabras son fieles y verdaderas. Y me dijo: Yo soy el Alfa y la Omega, el principio y el fin. Al que tuviere sed, yo le daré gratuitamente de la fuente del agua de la vida. El que venciere heredará todas las cosas, y yo seré su Dios, y él será mi hijo."

El objetivo de esta visión es tan grande y de

tanta importancia para la Iglesia y el pueblo de Dios, que necesitaban la plena seguridad de ello. Además, muchos siglos deben pasar entre el tiempo de esta visión y su cumplimiento y deben intervenir muchas pruebas, de modo que Dios manda al apóstol a escribir la visión para memoria perpetua y el uso continuo de su pueblo.

Note la seguridad de la promesa de Jesús. *"Estas palabras son verdaderas y fieles."* Y continúa: *"Hecho está".* Es tan seguro como si ya estuviera hecho. Podemos tomar las promesas de Dios como pronto pago. Si él dice que todo está hecho nuevo, está hecho.

"Yo soy el Alfa y la Omega." Como fue su gloria darle principio al mundo, el darle término a su obra es su honor. Así como por su poder y voluntad fueron hechas todas las cosas, su placer y su gloria es su final, y no perderá su designio.

Los hombres pueden comenzar obras y terminarlas, pero las obras de Dios permanecen para siempre. El pueblo tiene sed de un estado de perfección y de continua comunión con él. Dios ha creado en ellos este deseo que no puede ser satisfecho con nada más. El llama a todos los hombres que tienen sed de Dios, que vengan a Cristo, la fuente de la vida eterna.

El los llama a beber de él gratuitamente, como dice Isaías 55. *"A todos los sedientos, venid a las aguas; y los que no tienen dinero, venid, comprad y comed. Venid, comprad sin dinero vino y leche."* El único requisito que se les exige es que tengan sed. El que no tiene sed, aunque esté junto a la fuente, no beberá.

Verso 8: "Pero los cobardes e incrédulos, los abominables y homicidas, los fornicarios y hechiceros, los idólatras y todos los mentirosos, tendrán su parte en el lago de fuego que es la muerte segunda."

El pueblo de Dios descansará junto a la fuente de bendición y heredará todas las cosas que hay en el universo. Dios es todo en todos. Ellos heredarán como hijos de Dios. Los pecados que encabezan la lista de los malvados son cobardía e incredulidad. Los cobardes encabezan la lista negra. Jesús dijo que el reino de los cielos sufre violencia y que sólo los valientes lo arrebatan. Se necesita ser decidido, valiente para desechar todas las previas opiniones y decidirse por Cristo, venga lo que venga.

Los cobardes son los que no se atreven a dejar sus costumbres y sus ideas para adherirse a la causa de Cristo. Ellos no se atreven hacerle frente a las dificultades de la vida cristiana. Su miedo que esclaviza procede de la incredulidad.

Asesinato, hechicería, adulterio, idolatría y mentira. No sólo es asesino el que le quita la vida a otro, sino el que asesina su carácter. El que aborrece a su hermano es asesino, dice 1 Juan 3:15. Es hechicero que consulta a los espiritistas y santeros, y se envuelve en las ciencias ocultas y en el diablismo.

El adúltero no sólo es el que fornica con otro que no sea su compañero, sino el que ama demasiado al mundo y sus obras y se olvida de su Dios que le salvó. Es idólatra, no sólo el que adora los dioses muertos, las estatuas, sino los que aman demasiado el dinero. La avaricia es idolatría, dice Col. 3:5.

La mentira es la chapa de identidad de la raza humana. Es lo más difícil de dejar. La mentira lleva en sí castigo. Una mentira debe ser cubierta con otra y esto no tiene fin. Como los que practican estas cosas no quisieron arder en la hoguera por Cristo, ahora deben arder en el lago de fuego por la eternidad. Deben morir otra vez después de la muerte. La agonía y el temor a la muerte, los entregará a las agonías y terrores mayores en la muerte eterna, para morir y siempre estar muriendo.

Esta miseria será su porción apropiada, lo que justamente merecen, lo que han escogido y preparado para ellos mismos por sus pecados. La miseria de los condenados ilustrará la bendición de los salvos y la bendición de los salvos agravará la miseria de los condenados.

Verso 9-11: "Vino entonces a mi uno de los siete ángeles que tenían las siete plagas postreras, y habló conmigo diciéndome: Ven acá, yo te mostraré la desposada, la esposa del Cordero: Y me llevó en el Espíritu a un monte grande y alto, y me mostró la gran ciudad santa de Jerusalén, que descendía del cielo, de Dios, teniendo la gloria de Dios. Y su fulgor era semejante al de una piedra preciosísima, como piedra de jaspe, diáfana como el cristal."

Uno de los ángeles que tenía una de las plagas, abre esta visión a Juan. Dios tiene una gran variedad de trabajos para sus ángeles. Aunque algunas veces deban sonar la trompeta para avisar a un mundo descuidado, y otras derramar las copas de la ira de Dios sobre los pecadores que no se arrepienten, otras veces deben descubrir las cosas divinas a los que son herederos de la salvación.

Ellos están listos para ejecutar cada comisión que reciben de Dios, y cuando este mundo llegue a su fin, aun los ángeles estarán empleados para el Señor en un trabajo placentero y apropiado por la eternidad.

El apóstol es llevado en visión a un monte alto. De esa situación usualmente se pueden ver las ciudades adyacentes. Los que desean tener una visión del cielo, deben acercarse al cielo lo más que puedan, al monte de la visión, el monte de la fe, de la meditación, a la cima del monte Pisga para ver la Canaán celestial.

La Nueva Jerusalén, símbolo de la Iglesia triunfante, teniendo la gloria de Dios, brillando en su fulgor, gloriosa en su relación con Cristo, brillando en sus rayos, excediendo en belleza, esplendor y riqueza, más que todas las ciudades del mundo. Esta nueva Jerusalén es presentada a nosotros en la parte exterior y en la interior.

Verso 12-14: "Tenía un muro grande y alto con

doce puertas; y en las puertas, doce ángeles, y nombres inscritos que son las doce tribus de Israel; al oriente tres puertas; al norte, tres puertas; al sur, tres puertas, y al occidente, tres puertas. Y el muro de la ciudad tenía doce cimientos, y sobre ellos los doce nombres de los doce apóstoles del Cordero."

EL MURO DE LA SANTA CUIDAD

La parte exterior de la ciudad, el muro y las puertas. El muro para seguridad, las puertas para entrar. El cielo es un estado seguro. Los que están en él están seguros, guardados por el muro que los separa de sus enemigos.

La altura del muro es de setenta yardas, suficiente para adorno y seguridad. El material del muro es el jaspe, una piedra diáfana y transparente como el cristal.

Note los guardas de las puertas del muro. Doce ángeles con los nombres de las doce tribus de Israel. Los guardas de la Iglesia militante, los que rondan la ciudad ahora, son ministros excelentes, ejercitados en la Palabra. (Cant.3:3= 5:7).

Esta es una ciudad impenetrable y preciosa, es tipo de la Iglesia del Antiguo Testamento, las doce puertas de entrada a la gracia del Nuevo Testamento. La Iglesia judía oraba por la hermanita que no tenía pechos, los gentiles. Ahora la judía se ha quedado sin pechos, y la Iglesia Cristiana con pechos como torres, debe orar por la judía. (Vea Cant. 8:8).

Los nombres de los doce apóstoles están inscritos en los doce cimientos. Ellos fueron usados para poner el fundamento del evangelio de la Iglesia Cristiana. Cada uno fue fiel en poner el fundamento que es Cristo.

Verso 15-16 "El que hablaba conmigo tenía una caña de medir, de oro, para medir la ciudad, sus puertas y su muro. La ciudad se halla establecida en cuadro, y su longitud es igual a su anchura; y él midió la ciudad con la caña, doce mil estadios; la longitud y la altura de ella son iguales. Y midió el muro, ciento cuarenta y cuatro codos, de medida de hombre, la cual es de ángel."

Note las medidas de la ciudad; doce mil estados; mil quinientas millas cuadradas, (como la mitad de los Estados Unidos). Aquí hay suficiente espacio para todos los primogénitos del Señor. La cuidad parece un perfecto cubo, porque es el Lugar Santísimo Celestial.

Aunque algunos opinan que será un gran edificio cuadrado con muchos pisos, otros opinan que es una ciudad llena de mansiones y que en algunos lugares alcanzará la altura de 1500 millas. Ellos dicen que si la ciudad es un edificio, no necesita la cerca que lo rodea.

La ciudad tiene tres puertas a cada lado. Imagínese que la medida de la ciudad por el Este sea de Miami a Nueva York. Una puerta estaría en Georgia, otra en Carolina del Norte, y otra en Delaware. Que por el Sur sea de Miami a Nuevo Méjico, las puertas estarían en Alabama,

Luisiana y Texas.

Que por el Oeste, sea de Nuevo Méjico a Dakota del Norte, las puertas estarían Colorado, Nebraska y Dakota del Sur. Que por el Norte sea de Dakota del norte a Nueva York, las puertas estarían en Minesota, Wisconsin y Michigan.

Verso 18:20: "El material de su muro era de jaspe; pero la ciudad era de oro puro, semejante al vidrio limpio; y los cimientos del muro de la ciudad estaban adornados con toda piedra preciosa. El primero era jaspe; el segundo, zafiro; el tercero, ágata; el cuarto, esmeralda; el quinto, ónice; el sexto, cornalina; el séptimo, crisólito; el octavo, berilo; el noveno, topacio; el décimo, crisopraso; el undécimo, jacinto; el duodécimo, amatista."

Los cimientos del muro de la ciudad son descritos por número y materia. Doce piedras preciosas, como las que tenía el sumo sacerdote en el pectoral, representando a las doce tribus de Israel. La ciudad desciende del cielo y se posa en la tierra, el algún lugar donde antes estuvieron los grandes océanos.

Aquí alude a los doce apóstoles, los doce

cimientos, cuya doctrina evangélica es el cimiento donde está construida la Iglesia. El cimiento del muro es variado y precioso. Doce piedras que denotan la variedad de carácter de los creyentes. Note que hay variedad en las piedras, pero no inferioridad. En cada creyente Cristo se manifiesta en forma diferente. Estas piedras también son tipo de las excelencias y promesas del evangelio, y las gracias del Espíritu Santo.

Verso 21: "Las doce puertas eran doce perlas; cada uno de las puertas era una perla. Y la calle de la ciudad era de oro puro transparente como vidrio." Note que cada una de las puerta era de una clase de perlas. Cristo es la perla de gran precio, y él es nuestra entrada al cielo. ¿Podremos nosotros con el cristal de nuestra imaginación contemplar semejante ciudad?

El Señor nos dice que "Cosas que ojo no vio, ni oído oyó, ni han subido a corazón de hombre, son las que Dios ha preparado para los que le aman." Así que nosotros sólo tenemos una descripción tenue de lo que será en realidad la Nueva Jerusalén, ese magnífico lugar donde mora Dios.

Aquí en la tierra la nueva Jerusalén es la Iglesia

de los redimidos por la sangre del Cordero, y es preciosa porque en ella habita Dios, como dice el Salmo 132:1318.

El cielo es un lugar accesible; hay un Camino abierto al Lugar Santísimo, y hay entrada libre para los que han sido santificados. Todo el verdadero Israel de Dios tiene acceso a la nueva Jerusalén, así como cada tribu terral tenía acceso a la Jerusalén terrenal.

Note que los guardas de las puertas son doce ángeles. Ellos reciben y admiten las varias tribus del Israel espiritual, pero mantienen a los demás fuera. Las inscripciones de las puertas con los nombres de las doce tribus de Israel demuestran que ellos tienen derecho al árbol de la vida, y de entrar por las puertas de la gloriosa ciudad. Esta fue la ciudad que vio Abraham por la fe.

Así como la ciudad es cuadrada. respondiendo a los cuatro puntos cardinales, Este, Oeste, Norte y Sur, en cada lado hay tres puertas, mostrando que de todas las partes del mundo habrán algunos que entrarán al cielo, pues en Cristo Jesús no hay judío ni griego, bárbaro ni escita, esclavo ni libre, hombre o mujer. Hombres y mujeres de todas las razas tienen acceso a la gracia de Dios aquí abajo, y en gloria más tarde.

Verso 22-23: "Y no vi en ella templo; porque el Señor Dios Todopoderoso es el templo de ella, y el Cordero. La ciudad no tiene necesidad de sol ni de luna que brillen en ella; porque la gloria de Dios la ilumina, y el Cordero es su lumbrera."

Ahora entramos dentro de la gloriosa ciudad, y lo primero que vemos es que las calles son de oro puro, transparente como vidrio. Los santos en el cielo caminan sobre el oro que nadie conoce porque es transparente. La ciudad tiene varias avenidas, cada una de las puertas tiene su calle y todas conducen a un sólo lugar, el árbol de la vida, o el trono de Dios.

La nueva Jerusalén tiene varias calles: Hay orden exacto y cada santo tiene su mansión. Hay conversaciones en el cielo. Los santos están en reposo, pero no es un reposo pasivo, ni un estado de sueño e inactividad, sino en un estado de delicioso movimiento. En la ciudad no habrá noche.

No necesita luz de sol ni de luna, ni de ninguna lumbrera, porque Dios es su luz y él ilumina la ciudad. Esta ciudad es el eslabón que une al cielo y la tierra, como lo es ahora la Iglesia de los redimidos por la sangre de Cristo.

Verso 24-26: "Y las naciones que hubieren sido salvas andarán a la luz de ella; y los reyes de la tierra traerán su gloria y honor a ella. Sus puertas nunca serán cerradas de día, pues allí no habrá noche. Y llevarán la gloria y la honra de las naciones a ella. No entrará en ella ninguna cosa inmunda, o que hace abominación y mentira, sino solamente los que están inscritos en el libro de la vida del Cordero."

En esta ciudad sólo entrarán los que tienen su nombre escrito en el libro de la vida del Cordero. Los reyes de la tierra, las naciones de gente que vivan en la tierra para sembrar construir, multiplicarse y para volver a poblarla a ella y a los planetas del universo, entrarán a ella para llevar la gloria y la honra a la Nueva Jerusalén, el asiento del gobierno del universo.

Algunos dicen que naciones enteras de almas salvas, algunos de todas las naciones que fueron señaladas en la tierra son salvas en el cielo. Los demás planetas tal vez ahora habitados, estarán bajo el gobierno de Dios en la Nueva Jerusalén. Dios no creo el universo infinito sin tener un plan y propósito para ellos.

Los santos disfrutarán de todo lo bueno, y agradable, todo lo refinado y de mayor gusto. Con sus cuerpos glorificados no necesitarán de vehículos para transportarse de lugar en lugar, sino que lo harán con la velocidad del pensamiento. ¡Qué descubrimientos maravillosos nos esperan en el cielo! Nuevos mundos, nuevas galaxias, nuevas constelaciones, exploraciones espaciales, nuevos universos, donde los santos serán los reyes y los sacerdotes.

A la ciudad no entrará nada sucio, nada impuro. En la transformación cuando recibamos cuerpo inmortal, cuando salgamos de la crisálida, tendremos cuerpos inmortales. En el presente los santos sienten una mezcla de corrupción y gracia que limita su servicio a Dios e interrumpe su comunión con él. Y aunque el Señor nos presenta delante de su gloria con gran alegría, sólo vemos su rostro por la fe.

En la Iglesia militante habrá una comunión mixta. Siempre habrá personas impuras entre ellos. Algunas raíces de amargura brotarán que mancharán sociedades cristianas, pero en la celestial, habrá una sociedad pura y perfecta. Los profanos, los hipócritas, los mentirosos y abominables estarán en el lago de fuego.

LA ETERNIDAD Y LA INVITACIÓN
CAPÍTULO 22

EL RÍO QUE SALE DEL TRONO

Un Paraíso en la ciudad, o la ciudad un Paraíso. En el primer Paraíso sólo había dos personas para admirar su belleza. En este nuevo Paraíso, naciones enteras encontrarán delicias abundantes y satisfactorias.

El Paraíso terrenal era regado por cuatro ríos, este tiene doce ríos, que salen del río que sale del trono de Dios y del Cordero, y se divide en doce brazos que van por el medio de cada una de las avenidas de las doce puertas. Todos los arroyos de la gracia, del consuelo y de la gloria, están en Dios, y todas las corrientes las obtenemos por la mediación de Cristo.

Su agua es pura como el cristal. Todas las corrientes del consuelo terrenal son fangosas, pero las que provienen de Cristo son puras, saludables y refrescantes, dando vida y preservando la vida a los que beben de ellas. Este río es símbolo de la Palabra de Dios en Ezequiel 47.

Verso 2: "En medio de la calle de la ciudad, y a uno y otro lado del río, estaba el árbol de la vida, que produce doce frutos, dando cada mes su fruto; y las hojas del árbol eran para la sanidad de las naciones."

El árbol de la vida, un múltiple de doce en el Paraíso. Uno como él estaba en el Paraíso terrenal, pero estos son mucho más excelentes. Este árbol es alimentado por las aguas que salen del trono de Dios. Este árbol es tipo de Cristo, el árbol de la vida. Las hojas, los creyentes. La raíz es el Padre, la savia, el Espíritu Santo. (Juan 15). Los creyentes son las hojas que llevan sanidad a las naciones.

Así como este árbol da doce frutos, el creyente debe dar doce clases de fruto en su vida cristiana. 1- Amor, 2- gozo, 3- paz, 4- paciencia, 5- benignidad, 6- fe 7- mansedumbre, 8- templanza, 9- misericordia, 10- dominio propio, 11- justicia, 12- santidad.

El árbol de la vida… tipo de la Palabra de Dios

Nos ejercitamos en estas gracias poco a poco y vamos creciendo en ellas hasta alcanzar la madurez. Cuando nuestra mente haya sido renovada por el estudio, la meditación y la actuación en la Palabra, habremos llegado a la perfección.

Como no sabemos a ciencia cierta lo que habrá en el cielo, no sabemos tampoco si verdaderamente seremos para sanidad de naciones que aún no existen en el universo, pero que existirán después. Algunos dicen que las doce clases de fruto que darán los árboles serán el alimento de los redimidos junto con el maná escondido.

Verso 34: "Y no habrá más maldición; y el trono de Dios y del Cordero estará en ella, y sus siervos le servirán y verán su rostro, y su nombre estará en sus frentes." La presencia del Padre y de Jesús con su pueblo, seré la salud y el gozo de los santos.

Ellos encuentran en él el remedio para las angustias presentes, y por él son preservados en el estado más saludable y vigoroso. La congregación de los santos es el Paraíso terrenal aquí con todo y serpiente, pero en el celestial no habrá serpiente, ni maldición.

Allá los santos verán el rostro de Dios y disfrutarán de la beatífica visión. Pertenecen a Dios y tendrán el sello de Dios en sus frentes y él reinará sobre ellos. Su servicio no sólo será en libertad, sino también en honor, poder, conocimiento y sabiduría a la luz del Señor para siempre.

Verso 5: "No habrá allí más noche y no tienen necesidad de luz de lámpara, ni luz de sol, porque Dios el Señor los iluminará, y reinarán por los siglos de los siglos."

Este pasaje es la conclusión de la visión del nuevo cielo, la nueva tierra, la nueva Jerusalén y del estado perfecto. Los santos reinarán para siempre. La ciudad será en centro del universo desde el cual Dios reinará. Los santos verán su rostro y el nombre de Dios estará en sus frentes. La eternidad es la continuación del tiempo para siempre. La palabra eternidad significa duración infinita del tiempo.

Algunos enseñan que antes de la nueva tierra, habrá otra dispensación llamada "la era perfecta", que durará 33,000 años. Esta teoría se basa en la expresión "mil generaciones." Ellos dicen que una generación es de treinta y tres años, pero esta frase no significa que habrá otra dispensación en el futuro porque antes del diluvio la vida del hombre era de más de novecientos años. Desde el diluvio la vida la vida del hombre es de setenta a ochenta años.

El relato de la creación sólo ocupa dos páginas de la Biblia. El resto relata la caída del hombre y su redención. Sabemos que la inmensidad del universo, con sus miles de galaxias, con sus planetas gigantescos como Antares y Beteljuice y las innumerables constelaciones y estrellas, no fueron creados en vano.

Hay un universo completo por conquistar y los conquistadores serán los hijos del Dios vivo, las hojas del árbol de sanidad a estos mundos que entonces serán poblados de criaturas admirables.

Puede que usted piense que es fantasía, pero, ¿Quién puede con seguridad afirmar lo contrario? Entonces continuará el relato que se detuvo con la caída de Adán.

Verso 6: "Y me dijo: Estas palabras son fieles y verdaderas. Y el Señor, el Dios de los espíritus de los profetas, ha enviado su ángel, para mostrar a sus siervos las cosas que deben suceder pronto."

Aquí tenemos la solemne ratificación de los contenidos del libro y particularmente de la última visión. Esto se confirma por el nombre y la naturaleza de Dios. Él es fiel y verdadero. Así son todos sus dichos. Él envió a su ángel a revelarle esto a Juan para que +él lo revelara al mundo.

Los santos ángeles les muestran a los hombres santos de Dios, y Dios no emplea a sus ángeles para engañar al mundo. Estas cosas serán confirmadas pronto y Cristo vendrá presto a borrar toda duda, y muy felices estarán los que han creído y guardado su Palabra, porque él es el Dios de los espíritus de los profetas, los ministros del evangelio.

Verso 7-8: "He aquí que vengo pronto. Bienaventurado el que guarda las palabras de la profecía de este libro. Yo, Juan, soy el que oyó y vio estas cosas. Y después que las hube oído y visto, me postré para adorar a los pies del ángel que me mostraba estas cosas. Pero él me dijo: Mira, no lo hagas; porque yo soy consiervo tuyo, de tus hermanos los profetas, y de los que guardan las palabras de este libro. Adora a Dios."

Note la integridad del ángel que había guiado al apóstol a interpretar estas visiones. Esta integridad fue tal que no permitió que Juan le mostrara adoración. El que era tan tierno del amor de Dios, y tan desagradado de lo que era erróneo a Dios, no podrá jamás venir en su nombre a guiar a un pueblo con engaños.

Y más confirmación aún de la sinceridad del apóstol, es que él mismo confiesa su propio pecado en el cual vuelve a caer, y dejar estas caídas registradas en un registro perpetuo. Esto demuestra que era un escritor fiel e imparcial.

Verso 10: "No selles las palabras de la profecía de este libro, porque el tiempo está cerca."

Juan recibe la orden de dejar el libro abierto para que fuera leído por todos con atención, para que se ocupen en entenderlo, para que le pongan sus objeciones y comparen las profecías con los eventos que estarán ocurriendo. Dios no habla en secreto, sino que llama a todos a ser testigos de las declaraciones que él hizo.

Él le dijo a Daniel en el siglo quinto antes de Cristo, que sellara el libro porque las profecías escritas en él no eran para su tiempo, sino para los tiempos del fin, cuando la ciencia se aumentaría. (Estudie Daniel 12).

Tanto Daniel como Ezequiel le escribieron a las

diez tribus de Israel, perdidas hacía casi dos siglos. Judá estaba cautivo en Babilonia. De manera que ellos escribieron para el tiempo del fin, para cuando el Señor junte el palo de Efraín con el palo de Judá, y toda la casa de Israel sean uno en su mano; cuando recoja todas las tribus de Israel de entre las naciones, para que tengan un Rey: Cristo, el Hijo de David. (Ezequiel 37:16-19).

Verso 11: "El que es injusto, sea injusto todavía; y el que es inmundo, sea inmundo todavía; y el que es justo, practique la justicia todavía; y el que es santo, santifíquese todavía."

Note el efecto del libro que se mantiene abierto, tanto el de Daniel, abierto en este tiempo, como el Apocalipsis, tiene en la gente.

Los que están sucios y son injustos, no han querido ser limpiados y justificados por la Sangre de Cristo, se ensuciarán más y se volverán más injustos. Ya ellos son pecado, tinieblas, unidos a Belial e injusticia. Sin embargo, los que han sido declarados justos por la fe en el Sacrificio de Cristo, serán fortalecidos y santificados cada día más.

La Palabra, la Biblia es sabor de vida para vida a los que la creen, pero es sabor de muerte para muerte a los que la rechazan. Esto viene de parte de Dios. Esta será la regla del juicio ante el Gran Trono Blanco. El dispensará sus castigos a los hombres de acuerdo a como sus obras estén de acuerdo con la Palabra de Dios.

Verso 12-14 "He aquí yo vengo pronto, y mi galardón conmigo, para recompensar a cada uno según su obra. Yo soy al Alfa y la Omega, el principio y el fin, el primero y el último. Bienaventurados los que lavan sus ropas, para tener derecho al árbol de la vida, y para entrar por las puertas de la ciudad."

Cristo es la Palabra, el Autor y Consumador de la fe, y la santidad de su pueblo. Él es el primero y el postrero; así es su Palabra. El dará a su pueblo el poder de disfrutar del árbol de la vida; esto es, plena comunión con él, en la tierra por medio de la Palabra, y estarán en su compañía en el cielo.

Los que lavan sus ropas en la sangre del Sacrificio de Cristo, pasan a formar parte del árbol de la vida, y los que disfrutan de la Palabra, se vuelven hojas de ese árbol.

Verso 15: "Más los perros estarán fuera, y los hechiceros, los fornicarios, los homicidas, los idólatras, y todo aquel que ama y hace mentira."

¿Quiénes son los perros? Veamos: En el mundo hay actualmente tres pueblos; los judíos, los gentiles, y la Iglesia de Dios. Todo el que no es judío, ni pertenece a la Iglesia del Señor, es gentil. Los judíos llamaban "perros" a los gentiles. Así que "perro" es aquel que no ha recibido a Cristo como su Salvador. Estos estarán fuera.

Los hechiceros, esos que se dedican a consultar a los demonios, disfrazados de muertos. Los santeros, los astrólogos, los que se dedican a las ciencias ocultas de la Nueva Era, estarán fuera.

Los fornicarios, los que se dedican a la sodomía, el lesbianismo, el mercado del sexo y la pornografía, estarán fuera. Los idólatras, todos los que adoran no tan solo imágenes de metal, yeso y madera, sino los adoran artistas, ídolos de novelas, peloteros, hijos, esposos, y dinero más que a Dios, estarán fuera. Los que aman y practican la mentira, son los que aman las películas, las novelas, y las mentiras que el diablo le ofrece más que el servicio a Dios, y los que difaman a los demás, estarán fuera.

Verso 16: "Yo, Jesús, he enviado mi ángel para daros testimonio de estas cosas a las Iglesias. Yo soy la raíz y el linaje de David, la estrella resplandeciente de la mañana." Jesús envió su ángel para testificar a las Iglesias. Sólo los que han nacido de nuevo pueden entender el libro.

El brujo Balaam profetizó que saldría la Estrella de Jacob, que destruiría a todos los hijos de Set; (los hombres impíos), y que él le vería pero no de cerca porque no iba a estar en el cielo, sino en el infierno, y que esto se cumpliría al correr de los siglos.

Verso 17: "Y el Espíritu y la Esposa dicen: Ven. Y el que oye, diga; Ven. Y el que tiene sed, venga; y el que quiera, tome del agua de la vida gratuitamente."

Aquí está la solemne invitación. El Espíritu Santo, y la Esposa, el pueblo de Moisés; está llamando a los perdidos; convenciendo de pecado, de justicia y de juicio, dice a los hombres: Ven. Cristo, la Palabra, dice: Ven. La Iglesia, el cuerpo de Cristo, dice: Ven.

"El Espíritu y la esposa dicen: "¡Ven!" El que oye diga: "¡Ven!" El que tiene sed, venga. El que quiere, tome del agua de vida gratuitamente." (Apoc. 22: 17)

Verso 18: "Yo testifico a todo aquel que oye las palabras de la profecía de este libro: Si alguno añadiere a estas cosas, Dios traerá sobre él las plagas que están escritas en el libro. Y si alguno quitare de las palabras del libro de esta profecía, Dios quitará su parte del libro de la vida y de la santa ciudad, y de las cosas que están escritas en el libro."

Es confirmado por la sanción solemne condenando y maldiciendo a los que se atrevan corromper la Palabra de Dios, sea para quitarle o para añadirle.

El que añade a la Palabra, llama sobre sí las

plagas registradas en ella. El que quita del libro, se corta a sí mismo de los privilegios registrados en él. Esta sanción es como una espada de fuego para guardar el canon de las sagradas Escrituras de manos de los profanos.

Verso 20: "El que da testimonio de estas cosas dice: Ciertamente vengo en breve. Amen. Si, Ven, Señor Jesús."

Aquí llegamos a la conclusión de la Biblia. Cristo se despide de su pueblo. Parece que después de poner al descubierto las cosas a la Iglesia, se despide de ella para regresar al cielo asegurándole que viene pronto.

Algunos dicen: "¿Dónde está la promesa de su retorno, cuando han pasado tantos siglos desde que fue escrito este libro?" Es necesario responderle que sólo es la paciencia de Dios para con los enemigos. Su venida será más pronto de lo que ellos esperan, será antes que estén preparados, antes de lo que ellos lo desean, pero para su pueblo será en tiempo razonable. La visión es para un tiempo estipulado y lo se tardará. Que su Palabra resuene en nuestros oídos, y seamos diligentes para que nos encuentre en paz, sin mancha ni arruga.

El eco del corazón del cuerpo de Cristo, es Amen. Si, ven, Señor Jesús. "Apresúrate amado, y se semejante al corzo y al cervatillo, Sobre las montañas de las aromas."

Verso 21: "La gracia de nuestro Señor Jesucristo sea con todos vosotros, Amen."

Esta es la bendición apostólica. La Biblia cierra con una clara prueba de la divinidad de Cristo, pues el Espíritu enseña al apóstol a bendecir la Iglesia en el Nombre de Jesús, y a pedirle a Cristo una bendición para ellos, la cual es apropiada al acto de adoración.

Nada debe ser más deseado por nosotros que la gracia de Cristo sea con nosotros en el mundo. Es por su gracia que podemos ser guardados en la gloriosa expectativa de su gloria, preparados y preservados para ella. Y su gloriosa aparición será bienvenida por todos los que participan de su gracia y favor aquí, y esta es la oración más comprensible a la que todos podemos añadir, Amen.

Deseamos ardientemente más grandes medidas de la influencia divina del Señor en nuestras almas, y su gloriosa presencia en nosotros, hasta que la gloria perfeccione todas sus gracias hacia nosotros. ¡Ven, Si, Ven, Señor Jesús!

Tampa, Florida. Marzo 2016

Made in the USA
Charleston, SC
09 April 2016